● 일러두기
1. 이 이야기는 조선 제16대 임금 인조의 며느리이면서 소현세자의 부인이었던 '강빈'에 대한 이야기입니다.
2. 인조실록, 산성일기, 심양일기 등을 참고하여 작가의 상상력으로 재구성하였습니다.
3. 작품의 이해를 돕기 위해 '이 왕'이라는 이름 대신 '소현'이라는 시호를 그대로 사용하였습니다.

강빈,
조선을 깨우다

글 조경희 | 그림 수아

작가의 말

'어느 날 갑자기 공주나 왕비가 된다면…….'
얼마 전까지만 해도 저는 공주가 되는 상상을 멈추지 않았답니다. 힘든 일을 겪을 때마다 '반드시 왕과 왕비님이 이 힘든 상황 속에서 나를 구해줄 거야!' 하는 상상을 했답니다. 그런데 '강빈'에 대한 이야기를 쓰면서 '공주나 왕비들은 정말 행복했을까?' 하는 의문을 갖게 되었어요.

이 책에는 조선의 제16대 임금 인조의 며느리이면서 소현세자의 부인이었던 강빈에 대한 이야기가 담겨 있어요.

강빈은 소현세자가 왕위에 오르면 조선의 왕비가 될 여인이었어요. 그런데 어느 날, 청나라의 침략을 받아 조선이 허물어지기 시작합니다. 결국 병자호란의 패전으로 강빈은 인질이 되어 청나라 심양으로 끌려가게 되지요. 처음 심양에 도착했을 때는 청나라 사람들의 무시와 치욕을 견뎌야만 했어요. 하지만 차차 심양 생활에 적응해 가면서 강빈은 절망과 위기를 기회로 바꾸기 시작해요. 직접 농사를 짓고, 청나라 귀족들과 무역을 하는 등 조선 왕실 여인으로서는 꿈도 꾸지 못할 일들을 당차게 이루어 내지요.

이렇게 해서 벌어들인 돈으로 강빈과 소현세자는 청나라의 황제나 귀족들과 친하게 지내면서 조선의 외교관 역할을 당당하게 수

행했답니다. 뿐만 아니라 병자호란 때 붙잡혀간 조선인 노예들을 사서 고국으로 돌려보내기까지 했어요. 조선 왕실이 하지 못한 일을 해낸 것이에요.

강빈은 자신 앞에 닥친 수많은 위기와 절망들을 기회로 바꾸면서 백성들에게 희망을 심어주었던 조선의 세자빈이에요. 청나라의 무력에 굴복할 수밖에 없었던 조선의 슬픈 역사 속에서 보석과도 같은 여인이랍니다. 여인이라는 한계와 왕실 여인의 법도를 뛰어넘어 백성들을 구해내고, 발달한 서양의 문물을 받아들여 강해진 조선, 새로워진 조선을 꿈꾼 여인이기도 하지요. 하지만 안타깝게도 소현세자의 죽음과 함께 시아버지 인조 임금에게 사약을 받고 생을 마감하였답니다.

이 이야기를 통해 '강빈'에 대해 알려주고 싶었어요. 여러 차례 전쟁을 겪은 것으로도 부족해 왕실 여인으로 유일하게 조선 땅을 벗어난 인물, 여인의 몸으로 나라와 백성을 지키고자 했던 조선의 당찬 세자빈이 있었음을 기억해 주었으면 합니다.

오얏꽃 꽃잎이 흩날리는 봄날에 **조경희**

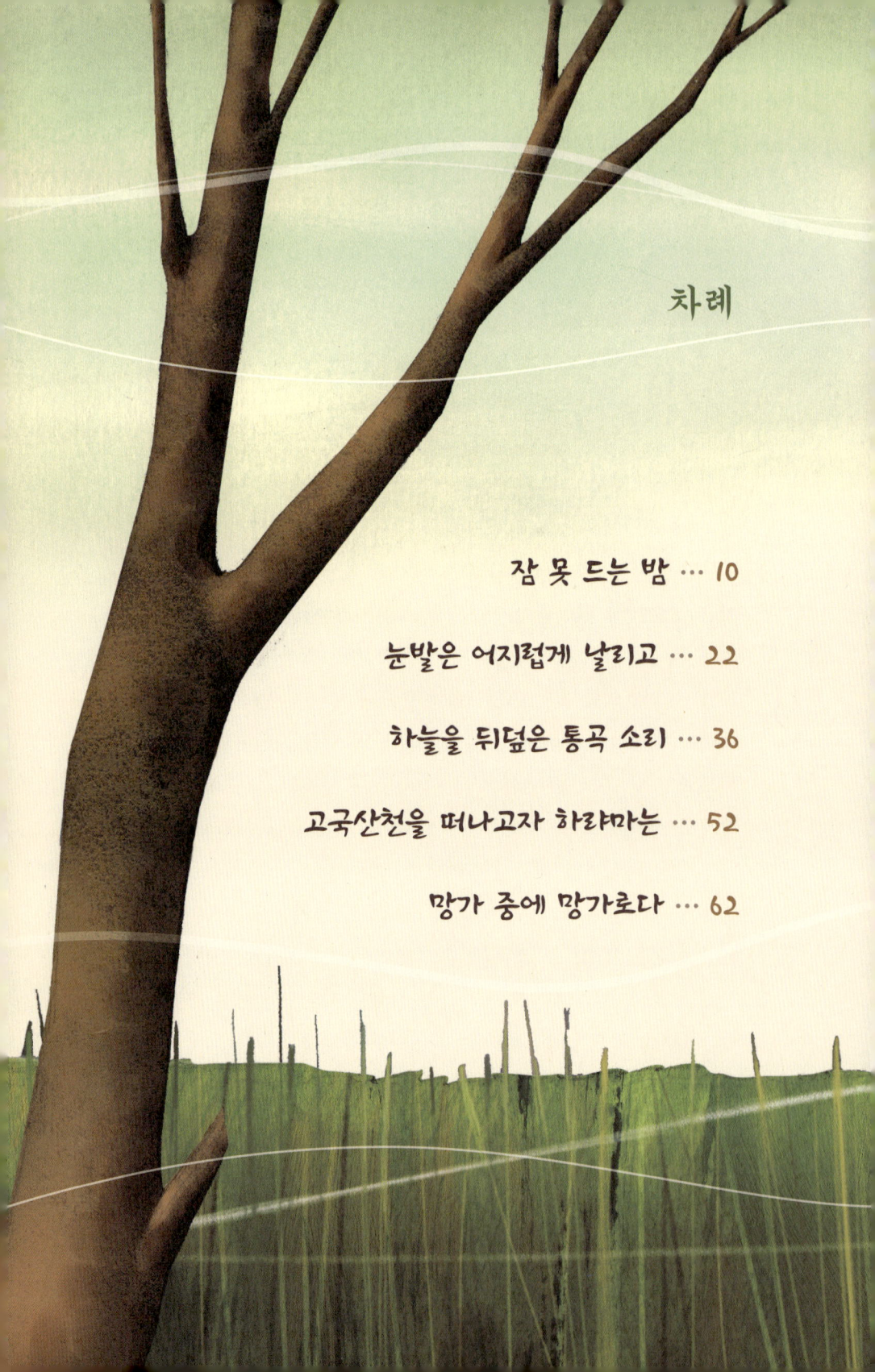

차례

잠 못 드는 밤 … 10

눈발은 어지럽게 날리고 … 22

하늘을 뒤덮은 통곡 소리 … 36

고국산천을 떠나고자 하랴마는 … 52

망가 중에 망가로다 … 62

멈추지 않는 운명의 수레바퀴 … 75

점점 단단해져 가는 마음 … 86

의심은 또 다른 의심을 낳고 … 104

차갑게 식어버린 마음 … 120

소중한 꿈들이 산산 조각나고 … 134

향긋한 봄날 꿈속에서 … 146

잠 못 드는 밤

　어둠이 짙은 궁궐, 모두가 잠든 시간인데도 정전*은 신하들의 말다툼으로 잠들지 못하고 있었다. 밤이 깊도록 정전의 불빛이 꺼지지 않자 강빈은 한숨을 내쉬었다. 그 바람에 소리 없이 타오르던 촛불이 하르르 몸을 떨었다.
　광해군이 임금이던 시절에는 오랑캐인 후금과 적당히 왕래를 하며 별 탈 없이 지냈었다. 그런데 시아버지 이종* 임금은 후금과의 관계를 무 자르듯이 싹둑 끊고는

정전 임금이 조회를 하며 정치적인 일을 처리하는 장소
이 종 조선 제16대 인조 임금의 이름

명나라하고만 친하게 지냈다. 그 사이 후금은 세력을 키워 나라 이름을 청으로 바꾸었을 뿐 아니라, 명나라와의 관계를 끊고 자기네와 친하게 지내자며 조선을 압박했다. 이런 청나라와의 관계를 두고 신하들은 매일 말다툼하기에 바빴다.

"조선이 지금까지 살아 있는 것은 모두 명나라 덕분입니다. 지난 임진왜란 때 명나라가 군사를 빌려주지 않았다면 조선은 이미 사라졌을 것입니다. 우리에게 명나라는 부모와 같은 나라입니다. 명나라를 집어삼키려는 청나라와 친하게 지낼 수 없습니다. 부모의 원수면 우리에게도 원수나 다름없습니다. 은혜를 모르는 것은 오랑캐들이나 하는 행동입니다!"

"청나라가 오랑캐든 아니든 우리가 상관할 바가 아닙니다. 아울러 청나라가 명나라를 집어삼키든 말든 그것 또한 상관할 바가 아닙니다. 임진왜란 때 명나라가 우리에게 군사를 빌려준 것은 조선이 왜나라에 의해 무너지면 명나라가 위태로워질 것을 염려해서이지 순수하게 우리 조선을 걱정하는 마음에서 군사를 보낸 것은 아니지 않습니까? 자기네 이익 때문에 군사를 보내 준 것을 두고 은혜라니요? 옳지 않습니다. 지금 우리 조선은 임진왜란의 상처로 몹시 허약해진 상태입니다. 이런 상황에서 청나라를 자극했다가 또다시 전쟁이라도 일어난다면 조선은 전쟁을 치를 힘이 없습니다. 게다가 청나라의 세력은 날로 강성해지고 있습니다. 명나라가 지는 해라면 청나라는 떠오르는 해입니다. 청나라와의 전쟁만은 반드시 막아야 합니다!"

"오랑캐와 친하게 지내면 조선도 오랑캐의 나라가 되고 맙니다. 싸워보지도 않고 그들의 요구를 순순히 들어주어서는 안 됩니다!"

"이렇게 무턱대고 큰소리만 치다가 청나라가 쳐들어온다면 누가 전쟁을 책임지겠습니까? 지금 조선은 오랑캐와 전쟁을 치르는 것보다 임진왜란으로 무너진 백성들의 삶을 보살피는 것이 시급합니다. 전쟁 치를 힘도 없는 상황에서 전쟁을 한다는 것은 달걀로 바위 치기입니다!"

"나라가 없어질지언정 명나라와의 의리를 져버려서는 안 됩니다!"

"명나라와의 의리가 밥 먹여 줍니까!"

옥신각신 다투는 신하들 때문에 궁궐 안은 조용할 날이 없었다.

"임진왜란의 상처가 아직 아물지도 않았는데 백성들을

또 화살 받이로 내몰자는 말씀입니까? 이러다가는 백성들의 씨가 마르겠습니다!"

"물론 조선의 백성들도 중요하지만, 그보다는 명나라에 지켜야 할 도리가 더 중요합니다."

"허울뿐인 도리나 의리는 개나 줘버리시오! 전쟁터에 들고 나갈 무기도 없는 마당에 무엇으로 전쟁을 치르겠습니까!"

"내 목에 칼이 들어와도 오랑캐와는 친하게 지낼 수 없소이다!"

"그럼 대감께서 붓이라도 들고 나가 청나라 군사를 막아 보시구려!"

"그걸 지금 말이라고 하시는 거요!"

"뚫린 입에서 나오는 소리니 말이 아니고 무엇이겠습니까!"

밤낮으로 끝없는 말싸움이 되풀이되고 있었다.

강빈은 마음속으로 어떤 말이 옳은지 가늠해 보았다. 어렵지 않게 청나라와 친하게 지내는 것이 조선에 이로울 것이라는 생각이 들었다. 하지만 아무리 많은 것을 보고, 듣더라도 왕실 여인은 조정 일에 관여할 수가 없다. 그저 할 수 있는 일이라고는 눈을 닫고, 귀를 닫고, 입을 닿는 것뿐이었다. 강빈은 답답한 마음을 내려놓을 수가 없었다. 이 종 임금이 어떤 결정을 내릴지 마음을 헤아리기 어려웠다.

조선의 선비들은 오랑캐 여진족을 '짐승'이라 생각했다. 여진족이 세운 청나라에서 사신을 보내어 친하게 지내자고 하는데도 임금과 신하들은 오랑캐의 나라라며 청나라를 무시했다. 그런 가운데 조만간 청나라가 쳐들어올지도 모른다는 소식이 전해졌다. 더는 청나라를 무시할 수 없는 노릇이었다.

얼마나 시간이 흘렀을까. 정전에 불이 꺼지고 신하들의 발걸음 소리가 궁궐을 빠져나갔다. 서당 개 삼 년이면 풍월을 읊는다고 했던가. 강빈은 궁궐 생활에 차차 익숙해짐과 동시에 정전에 가지 않더라도 어떤 신하가 무슨 말을 했을지 가늠할 수가 있었다.

"세자빈마마, 어서 잠자리에 드십시오."

방문 밖에서 계향이의 목소리가 들렸다.

계향이는 친정집에서 함께 자란 몸종으로, 강빈이 세자빈에 간택되자 함께 입궐하여 궁녀가 되었다. 강빈은 계향이를 생각하면 언제나 마음이 아팠다. 궁녀가 되려니 생각지도 못한 아이를 구중궁궐로 끌고 온 것이 내내 미안했다. 궁궐 안 사람들은 정치에 따라서 모습을 바꾸기 때문에 아무에게나 마음을 보여 주어서는 안 되었지만, 계향이에게 만큼은 얼마든지 마음을 내보일 수가 있었다. 그만큼 강빈에게 계향이는 그림자 같고, 숨결 같은 아이였다.

"애기씨, 마치 천국에 온 것 같아요."
세자빈 간택을 위해 궁궐에 처음 온 날, 계향이는 궁궐로 소풍을 온 어린아이 같았다.
"애기씨, 세자빈마마가 되면 좋은 것 아녀요? 저는 공주나 세자빈마마로 살아봤으면 소원이 없겠네요."
삼간택*에 올랐다는 소식에 친정아버지가 울상을 짓자 계향이는 이해가 안 된다는 듯이 고개를 갸웃거렸다.
"궁궐 여인들의 삶이 네가 생각하는 것처럼 행복하지 않으니까 그러지."
강빈은 한심하다는 듯이 계향이에게 퉁을 주었다.
"날마다 좋은 옷을 입고, 좋은 음식을 먹고, 으리으리한 궁궐에서 잠을 자는데 왜 행복하지가 않아요? 궁궐이

삼간택 임금이나 왕자, 왕녀의 배우자가 될 사람을 세 번에 걸쳐 고르던 일. 또는 그 세 번째 간택

야말로 천국 아닌가요?"

꿈을 꾸듯 계향이가 쫑알거렸다.

"어이구, 이 바보야! 궁궐은 천국이 아니라 무덤이 될 수도 있단 말이야."

결국 강빈이 계향이의 머리통에 꿀밤을 놓았다.

"그래도 왕실 여인이 되면 여자의 몸으로 벼슬을 하는 거잖아요. 그것도 여느 남자들보다 훨씬 높은 벼슬자리에 오르는 거잖아요. 제 머리로는 아무리 생각해도 좋기만 하구만요."

계향이는 강빈의 말이 도무지 이해가 안 가는 모양이었다. 계향이의 말처럼 궁궐이 천국이라면 얼마나 좋을까. 하지만 왕실 여인의 삶은 계향이가 생각하는 것처럼 행복하지만은 않다는 걸 강빈은 친정아버지 곁에서 들으면서 자랐다.

바깥세상에서 보기에는 왕실 여인의 자리가 호화스럽고 행복해 보일지 모르지만, 실제로 그 자리에 오르는 순간부터 자신의 목숨을 지키기 위한 사투의 연속이었다. 마음대로 먹고, 입고, 잘 수도 없는 자리가 바로 왕실 여인의 자리였다. 한 번 입궁하면 살아서는 궁궐 밖으로 나갈 수조차 없으며, 자칫하면 신하들의 모함으로 왕비나

세자빈의 자리에서 내쳐지거나 죽임을 당하기도 하고, 또는 역적으로 몰려 친정 집안이 화를 입게 되는 경우도 다반사였다. 결코 호락호락한 자리가 아니었다. 그렇기에 강빈은 세자빈의 자리에 오르는 것이 마냥 좋지만은 않았다.

궁궐 생활은 강빈과 계향이의 삶을 송두리째 바꾸어 놓았다. 강빈은 자신을 '애기씨'라고 불러 주던 계향이가 그리웠다. 시간을 되돌릴 수만 있다면 모든 것을 내려놓고 애기씨로 돌아가고만 싶었다. 하지만 세자빈의 자리란 내려놓고 싶다고 해서 마음대로 내려놓을 수 있는 자리가 아니었다. 작은 것 하나까지도 왕실의 법도에 따라야 하는 자리이고 보니 마음대로 할 수 있는 것이 없었다. 계향이와 궁궐 이야기로 티격태격 말다툼을 하던 때가 아득했다.

"세자빈마마, 어서 잠자리에 드시어요."

다시금 계향이의 목소리가 들렸다. 이제는 촛불을 끄는 수밖에 없었다. 촛불조차도 마음대로 밝히지 못하는 것이 왕실 여인의 삶이었다.

"휙! 휙!"

촛불을 끄기 위해 손바닥으로 바람을 일으켰다. 불빛이 출렁거리면서 심하게 흔들렸다. 꺼지지 않으려 안간힘을 쓰는 것 같았다. 하지만 이내 바람을 이기지 못하고 사위어 들었다. 촛불이 꺼지자 기다렸다는 듯이 먹물 같은 시꺼먼 어둠이 방 안을 가득 메웠다.
 "바람 앞의 촛불이 꼭 지금의 조선과 같구나……."
 강빈은 나지막한 목소리로 중얼거렸다.

눈발은
어지럽게 날리고

　며칠째 사납게 휘몰아치던 겨울바람이 잠시 잠잠했다. 바람도 지쳐서 잠이 든 모양이었다. 바람이 없는 틈을 타서 방금 얼굴을 씻은 것 같은 맑은 해가 얼굴을 쏙 내밀었다. 따스한 햇볕이 비추자 겨우내 꽁꽁 얼어붙었던 땅바닥마저 포근포근해졌다. 강빈은 시아버지 이 종 임금에게 문안을 드리기 위해 서둘러 편전*으로 향했다.
　"전하, 지금 청나라의 아민 장군이 십만 대군을 이끌고 압록강을 건넜다고 합니다!"

편전 임금이 평소에 머무는 곳

이른 아침부터 편전에서 다급한 목소리가 새어 나왔다. 청나라의 아민 장군이 압록강을 건넜다는 것은 전쟁을 의미했다. 땅을 딛고 서 있는 강빈의 두 다리가 흔들렸다. 강빈은 차마 임금께 문안을 올리지 못하고 발길을 되돌렸다.

"청나라 군대가 너무도 막강하여 피난을 결정하지 않을 수 없구나. 세자는 왕자와 빈궁들을 데리고 서둘러 강화도로 몸을 피하거라. 나와 대신들은 상황을 좀 더 지켜보다가 위태로워지면 뒤를 따를 것이다."

청나라 군대가 압록강을 건넜다는 소식을 들은 지 반나절 만에 피난이 결정되었다. 마른하늘에 날벼락과도 같은 일이었다.

"부디 몸조심하거라. 반드시 살아서 다시 만나자꾸나."

임금은 강빈의 품 안에 있던 원손 경선군을 한번 안아 보고는 바쁘게 등을 돌렸다.

소현세자가 앞장서서 피난 행렬을 이끌었다. 강빈은 아들 경선군을 안고 소현세자의 뒤를 따랐다. 하늘에는 먹구름이 가득하고 날씨가 유난스럽게 추웠다. 궁궐을 나서자마자 눈이 퍼붓기 시작하더니 금세 사방이 흰 눈으로 뒤덮여 앞을 분간하기가 어려웠다. 길바닥도 꽁꽁 얼어붙었다. 불안한 마음에 강빈은 소현세자를 바라보았다. 얼음장처럼 차갑게 굳어 있는 소현세자를 보자 강빈의 몸과 마음도 얼어붙는 것 같았다. 아무런 생각도 들지 않았다. 그저 흔들리는 가마에 몸을 맡길 뿐이었다.

뒤쫓아 오는 청나라 군사를 피하고자 숨 돌릴 틈 없이 달려 강화도 근처 나루터에 도착했다. 여전히 눈발은 어지럽게 날리고 살을 찢는 듯한 칼바람이 사방에서 달려들었다.

"이것이 어찌 된 일이냐!"

소현세자가 검찰사 김경징에게 호통을 쳤다. 나루터가 텅 비어 강화도로 건너갈 배가 한 척도 남아 있지 않았다. 김경징은 소현세자의 눈치를 살피며 자신의 식솔들과 친구들을 강화도로 피신시키는 데 배를 모두 써버렸다고 변명을 늘어놓았다. 소현세자는 눈을 감고 아무 표정 없이 김경징의 말을 듣고 있었다.

강화도를 코앞에 두고 나루터에서 발이 묶이자 강빈은 김경징을 가만두고 볼 수가 없었다. 왕실의 피난을 책임지는 검찰사 아니던가.

"경징아, 네 어찌 이럴 수가 있느냐!"

무척 화가 난 강빈이 김경징을 나무랐다. 더 이상 존대할 가치가 없는 자였다.

"마마, 뒤따라 오던 전하의 일행이 청나라 군사로 인해 길이 막혀 남한산성으로 발길을 돌렸다고 합니다."

더군다나 믿었던 시아버지마저 남한산성으로 발길을 돌렸다는 소식이 전해졌다. 이제는 스스로 목숨을 지켜야 하는 상황이었다.

"한시바삐 배를 구해 오너라. 저하와 원손이 살아남지 못하면 너도 살아남지 못할 것이다!"

강빈은 김경징의 숨통을 조였다. 왕실 여인으로서의 법도와 체통보다는 어떻게든 소현세자와 원손을 지켜야 한다는 긴박한 마음뿐이었다.

강빈을 바라보는 소현세자의 얼굴에 보일 듯 말 듯한 미소가 번졌다.

"왕실 여인이라고 해도 큰 소리를 내야 할 때는 마땅히 큰 소리를 내는 것이 바람직하오. 나는 개의치 마시오."

소현세자가 강빈을 지지해 주었다. 생각지도 못한 소현세자의 따뜻한 말에 강빈의 마음에 잠시나마 때아닌 봄이 찾아온 것 같았다.

"청나라 오랑캐들은 잠도 안 자는 모양이야. 밤낮을 달리지 않고서야 어찌 이렇게까지 빠르게 뒤쫓아 올 수가 있겠어?"

배가 준비되기만을 기다리던 궁녀들이 걱정 섞인 푸념을 늘어놓았다.

"세자빈마마, 배가 준비되었다고 합니다. 어서 서두르시어요."

나루터에 도착한 지 이틀 만이었다.

천신만고 끝에 강화도에 도착했지만, 강빈은 마음을 놓을 수 없었다. 아무리 강화도가 바다로 둘러싸여 있어 배가 없이는 점령하기 어려운 곳이라고 해도 청나라 군대를 만만하게 볼 수는 없었다. 열에 하나, 아니 만에 하나라도 벌어질 수 있는 일에 철저하게 대비해야 했다.

"청나라 군대가 언제 쳐들어올지 모르니 단단히 산성을 지켜야 한다."

강빈은 검찰사 김경징에게 충고했다.

"사방이 바다로 막혀 있고 얼음까지 얼었는데, 여길 어떻게 쳐들어오겠습니까? 강화도는 하늘이 내린 땅입니다. 제아무리 막강한 청나라 군대라고 할지라도 만만하게 알고 쳐들어올 만한 곳이 아닙니다. 그러니 세자빈마마는 아무 걱정하지 마시고 바다 구경이나 실컷 하십시오. 하하하!"

김경징이 콧방귀를 뀌었다. 아녀자의 말이라고 귓등으로도 흘려듣지 않는 눈치였다.

"아무리 강화도가 바다로 막혀 있다고는 하나, 산성 주위로 보초병이라도 세울 생각은 하지 않고 어찌 호언장담을 하느냐!"

강빈은 물러서지 않고 또다시 김경징을 꾸짖었다.

"세자빈마마께서 강화산성이 조선에서 제일 가는 금성탕지*라는 걸 모르고 하시는 말씀으로 알고 웃어넘기겠습니다. 하하하!"

김경징은 강화도를 지키기 위해 전략과 전술을 세우기는커녕 매일 먹고 마시며 방탕한 생활을 일삼았다. 그야말로 호랑이가 떠난 굴에 여우가 주인인 셈이었다.

"왜 김경징을 두고만 보십니까?"

원망스러운 마음을 애써 감추며 강빈은 소현세자에게 물었다.

"말로 해서 들을 사람이었으면 벌써 나무랐을 것이오.

금성탕지 쇠로 만든 성과 끓는 물로 가득 찬 성 둘레의 연못이라는 뜻으로, 방어 시설이 잘되어 있어서 공격하기가 어려운 성을 일컫는 말

김경징이라는 자는 결코 말로 해서 들을 자가 아니오. 그러니 말을 해봤자 마음만 다치고 입만 아프지요."

"그렇다고 이렇게 손을 놓고 있어야 합니까?"

다시금 소현세자에게 따져 물었다.

"아무리 애를 써도 일어날 일은 반드시 일어납니다."

마음이 울컥하였다. 어린 시절, 정해진 운명 따위는 세상에 없다고 생각했었다. 하지만 세자빈의 자리에 오른 후 생각이 바뀌었다. 아무리 피하고 싶어도 정해진 운명은 결코 비껴갈 수 없다는 걸 깨달았기 때문이다. 강빈은 왕실과의 인연을 단 한 번도 생각해 본 적이 없었다. 소현세자의 아내가 되려니, 세자빈이 되려니 꿈에도 생각해 본 적이 없었다. 하지만 지금 이렇게 세자빈의 자리에 버젓이 있는 것을 운명이라고 밖에 설명할 길이 없었다.

새벽, 차가운 기운이 창호지에 스며들고 있었다. 강빈은 몸을 뒤척였다. 잠을 자고 일어났는데도 몸이 무거워 쉽게 잠자리를 털지 못했다.

"따그락! 따그락!"

그때 어지러운 말발굽 소리가 강화산성을 뒤흔들었다. 점점 말발굽 소리가 가까워졌다. 불안한 마음에 강빈

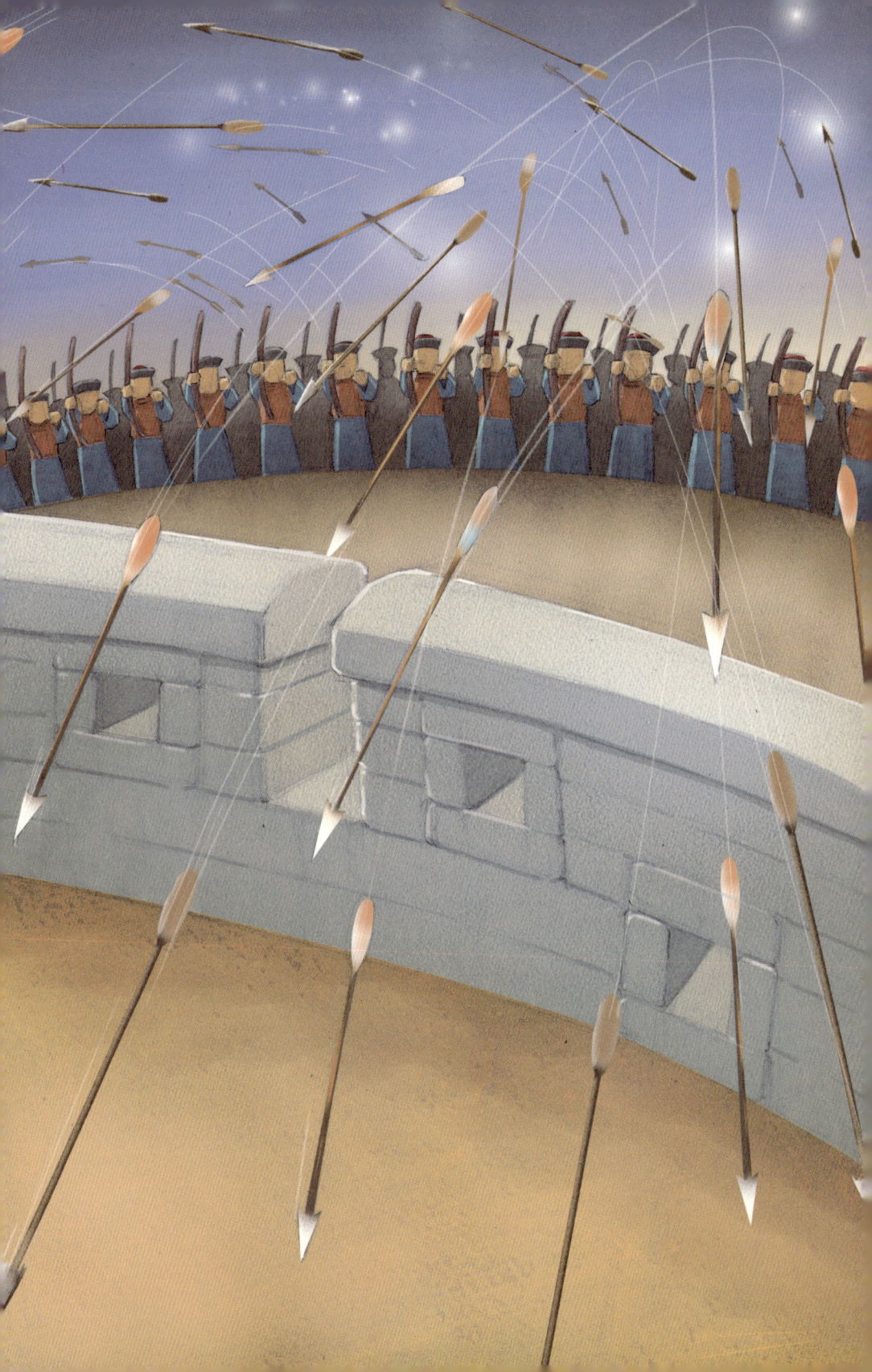

은 몸을 벌떡 일으켜 옷을 차려입을 틈도 없이 방문을 열고 뛰쳐나갔다.

"슝! 슝! 슝!"

청나라 군사들이 쏘는 화살이 빗줄기처럼 성 안으로 날아들었다.

철저하게 준비된 청나라 군대와 비교하면 김경징의 군대는 싸울 준비도, 의지도 없어 보였다. 여기저기서 화살이 날아들자 모두가 도망치기에 바빴다. 순식간에 청나라 군대가 강화산성을 에워쌌다.

"세자와 왕실 여인들을 찾아라!"

청나라 장수의 목소리가 쩌렁쩌렁 울려 퍼졌다.

"쿵! 쿵! 쿵! 쿵!"

이어서 청나라 군대의 발걸음이 성 안으로 밀려들었다.

"경징아, 경징아!"

검찰사 김경징을 애타게 찾았지만, 김경징은 머리카락 한 올 보이지 않았다.

"청나라 군대가 성 안으로 밀려들자마자 가장 먼저 도망을 쳤다고 합니다요."

계향이가 마치 자신의 잘못인 양 기어들어가는 목소리로 말했다.

강빈은 금방이라도 허물어질 것처럼 비틀거렸다. 살려고 해도 살아날 길이 없었다.

"마마!"

계향이가 강빈의 몸을 붙들었다.

"왕실의 존엄을 지키지 못한다면 나와 저하는 마땅히 이 자리에서 죽을 것이다. 하지만 어린 원손이 죽는 것은 차마 볼 수가 없구나. 한시바삐 원손을 데리고 바다를 건너거라. 불행하게도 배를 구하지 못해 바다를 건너지 못한다면 산골짜기에라도 원손을 숨기거라."

굳은 결심을 한 강빈은 9년 만에 어렵게 얻은 경선군을 상궁의 손에 넘겼다.

"하늘이시여, 원손을 가려 주소서."

간절한 마음으로 하늘을 올려다보았다. 경선군은 소현세자 다음으로 왕위를 잇게 될 원손이다. 만약 경선군마저 잘못된다면 조선의 불씨는 이대로 꺼지는 것이다. 어떻게든 조선의 불씨를 지켜내고 싶은 강빈은 마음속으로 소리 없는 전쟁을 치러야만 했다. 죽어서 살 것인지, 살아서 죽을 것인지…….

"마지막 순간이 오면 너희가 알아서 처리하거라."

어린 경선군의 마지막 순간은 상상하기조차 싫었지만,

한 치 앞도 장담할 수 없는 궁지의 상황에서는 마지막 순간마저도 철저하게 대비해야만 했다. 여느 어머니였다면 보자기에 싸인 경선군을 안고 세상 끝까지라도 도망쳤을 것이다. 하지만 세자빈의 자리는 어머니의 마음마저도 허락하지 않았다. 자신과 함께 있으면 경선군의 목숨이 더 위태로워질 뿐이었다.

상궁에게 경선군을 넘겨 주는 것으로 마지막 책무를 다한 강빈은 자결을 결심했다. 살아서 청나라 군사에게 치욕을 당하는 것은 죽느니만 못한 삶이었다. 살아서 죽느니, 차라리 죽어서 명예롭게 사는 길을 택하기로 마음먹었다. 강빈은 가슴에 품고 있던 은장도를 꺼냈다. 왕실 여인이 할 수 있는 유일한 선택이었다.

"마마, 멈추시어요!"

바깥 상황을 살피러 나갔던 계향이가 급히 뛰어들어와 강빈의 손에 들린 은장도를 빼앗았다. 다행히 강빈은 큰 상처를 입지 않았지만, 계향이의 손에서 피가 흘렀다.

"계향아, 어쩌면 좋으냐."

강빈이 계향이의 손을 감쌌다.

"걱정하지 마세요. 마마."

붉은 피가 흐르는데도 계향이는 강빈을 걱정했다.

"이것이 다 나 때문이다. 미안하고, 미안하구나."

강빈은 계향이의 손을 잡고 미안하다는 말밖에 할 수가 없었다. 어렸을 때부터 계향이에게 늘 받기만 했는데……. 하지만 이내 강빈은 눈물을 삼켰다. 아무리 슬퍼도 사사로운 정에 이끌려 함부로 눈물을 보일 수조차 없는 것이 바로 세자빈의 자리였다.

하늘을 뒤덮은
통곡 소리

　강화산성은 순식간에 잿더미로 변했고, 강화도를 둘러싼 바다는 피로 붉게 물들었다. 소현세자와 강빈을 비롯한 왕실 일행은 모두 청나라의 인질로 붙잡혔다. 살아있으나 죽음과도 같은 시간이 하루하루 흐르고 있었다. 청나라 군사의 삼엄한 감시 때문에 이제는 죽으려고 해도 마음대로 죽을 수조차 없었다.
　단 하나, 실낱같은 희망이 있다면 계향이가 간간이 물어 나르는 남한산성에 대한 소식이었다. 다행히 남한산성에 있는 시아버지 이 종 임금은 무사한 듯했다. 하지만 상황이 그다지 좋지 않았다.

원래는 강화도로 피난할 계획이었기 때문에 남한산성에는 아무런 준비가 되어 있지 않았다. 식량은 물론, 무기와 옷가지들도 턱없이 부족해서 가까스로 버티고 있는 상황이었다. 게다가 며칠 동안 펑펑 내린 눈으로 길이 미끄러워 한 발짝도 움직일 수 없을뿐더러 청나라 군대의 포위 속에서 혹독한 추위와 싸우고 있었다.

"마마, 남한산성이 청나라 군대에게 포위되었다고 합니다. 먹을 것이 부족해 전하께서 죽으로 수라를 이으신다고 합니다. 그뿐만이 아니라 군사들은 입을 옷이 없어서 청나라 군대와 싸워보지도 못하고 얼어 죽어가고 있다고 합니다. 게다가 홍이포*의 위력은 또 얼마나 대단한지……."

계향이는 차마 끝까지 말을 잇지 못했다.

비록 직접적인 전투는 없었지만 청나라 군대는 남한산성 동쪽에 있는 망월봉에 홍이포를 설치하고 남한산성 안으로 포탄을 쾅쾅 떨어뜨린다고 했다. 홍이포에 대해서는 강빈도 들은 적이 있었다.

홍이포 네덜란드에서 명나라에 전해진 대포. 네덜란드인이 사용하는 '붉은 오랑캐의 화포'라는 의미.

홍이포의 파괴력은 청나라의 군사력을 더해 줄 뿐만 아니라 조선군의 사기를 꺾기에 충분할 터였다. 게다가 점차 식량도 떨어지면서 굶주림과의 싸움도 만만치 않은 모양이었다.

"마마, 남한산성에 먹을 것이 부족해 말과 소들이 서로의 꼬리를 뜯어먹기까지 한다고 합니다."

이렇게 슬픈 일이 세상에 또 어디에 있을까. 계향이의 말에 강빈의 마음이 나락으로 떨어지는 것만 같았다.

"어찌 아무 말씀이 없으십니까?"

강빈은 소현세자를 원망하는 마음으로 바라보았다. 소현세자는 입을 꾹 다물고 비석처럼 앉아 있었다.

"되는대로 되라는 세상이면 어찌 임금과 세자를 필요로 하겠습니까?"

강빈의 애원에도 여전히 소현세자는 무표정했다.

그때였다. 계향이가 정신없이 뛰어들어왔다.

"마마, 강화산성이 함락되어 세자마마와 빈궁마마들이 인질로 붙잡혀 있다는 소식을 듣고 전하께서 항복을 결정하셨다고 합니다. 흑흑."

하늘이 무너져 내리는 것만 같았다. 청나라 군대가 쳐들어온 지 한 달 보름만의 일이었다.

"그리고 전하께서, 전하께서……."

계향이는 말을 잇지 못했다.

"전하께 무슨 일이 있는 것이냐. 계향아, 어서 말해 보거라. 어서!"

불안한 마음을 애써 감추며 계향이를 재촉했다.

"전하께서 청나라 황제에게 항복례를 치른다고 합니다. 흑흑."

가슴이 무너져 내리는 것만 같았다. 청나라 황제에게 예를 갖추어 항복식을 치른다는 것은 나라를 잃었다는 뜻이었다.

시아버지 이 종 임금은 언제나 며느리인 자신을 아껴 주었다. 그야말로 강빈에게는 세상에서 가장 높은 곳에 떠 있는 큰 해와 같은 분이었다.

"짐이 스스로 호를 짓기를 강산풍월지주(江山風月之主)라고 하였느니라. 뜻을 풀이해 보아라."

아침 문안 때 임금이 물었다.

"강, 산, 바람, 달의 주인이라는 말로, 세상의 주인이라는 뜻입니다."

강빈은 망설임 없이 대답했다.

"옳거니. 아주 잘 맞췄느니라. 허허허."

부족함이 없이 아끼고 사랑해 주던 시아버지를 떠올리며 강빈은 속으로 눈물을 삼키었다.

"전하, 부디 옥체를 보존하시옵소서."

시아버지가 있는 남한산성을 향해 절을 올렸다. 한 번, 두 번, 세 번. 절을 올리고 나니 약과 생각이 간절했다. 시아버지는 구중궁궐에서 외롭게 지내는 며느리에게 가끔 간식으로 약과를 챙겨서 보내 주고는 했다. 평화롭게 약과를 먹던 시절이 그리웠다.

그때까지도 소현세자는 아무 말 없이 벽에 걸려 있는 그림 족자만 바라보고 있었다. 소나무 가지에 새가 앉아 있는 그림이었다. 강빈은 소현세자가 왜 그토록 그림에서 눈을 떼지 못하는지 궁금했다. 그래서 소현세자를 따라 찬찬히 그림을 살펴보았다.

그제야 강빈은 소현세자의 마음을 이해할 수 있었다. 그림 속의 새는 날개를 가지고 있지만, 그림 속에 갇혀서 영원히 날 수 없는 운명을 타고 난 것 같았다. 그림을 바라보는 소현세자와 그림 속 새가 어딘지 모르게 닮아 보였다. 강빈은 말없이 그림 속의 새를 오려내어 밖으로 날려 보냈다. 그러자 그림 속에 갇혀 있던 새가 나풀나풀 날아 어디론가 흔적도 없이 사라졌다.

임금의 항복 소식에 강화산성은 마치 무덤 속 같았다. 살아 있는지 죽은 것인지 아무런 감각도 느껴지지 않았다. 한 나라의 세자빈으로서 나라를 잃은 것은 죽음과도 같은 것이었다.

시간은 흐르고 흘러 임금의 항복례 날짜가 눈앞으로 다가왔다. 소현세자와 강빈도 항복례를 위해 남한산성으로 향했다. 발걸음이 무거웠다.

"한 놈도 놓치지 말고 사로잡아라!"

임금이 항복하겠다는 의사를 밝혔건만 여전히 나라 안은 사냥터가 되어 온갖 비명과 울부짖는 소리로 넘쳐났다. 올가미를 던지는 청나라 군사들을 피해 조선의 백성들이 뿔뿔이 흩어졌다. 한 사람이라도 더 붙잡으려는 청나라 군사와 올가미를 피해 도망치려는 조선의 백성들 사이에 쫓고 쫓기는 인간 사냥이 한창이었다.

"으아앙! 제발 우리 어머니를 풀어 주세요. 이렇게 빌게요. 제발요."

올가미에 걸린 아녀자를 향해 어린아이가 달라붙었다. 아녀자와 어린아이는 떨어지지 않으려고 꼭 껴안고 흐느꼈다.

"저놈도 붙잡아라!"

청나라 군사가 어린아이에게도 올가미를 씌웠다. 청나라 군사의 손에 들린 올가미의 수를 헤아리기가 어려울 지경이었다. 조선의 백성들이 조기 두릅처럼 엮여서 끌려가고 있었다.

"세자마마, 살려 주십시오! 저희를 버리지 마십시오!"

청나라 군사에게 끌려가던 노인이 소현세자의 옷자락을 붙잡았다.

"네놈이 감히 세자마마의 몸에 손을 대다니. 죽고 싶은 것이냐!"

왕실 일행을 호위하던 무사가 노인에게 칼을 겨누었다. 그 모습에 소현세자가 말없이 고개를 떨어뜨렸다. 그러자 노인이 희망을 잃고 잡았던 소현세자의 옷자락을 힘없이 놓았다.

"이놈까지 더하면 스무 놈은 족히 되니 집 한 채는 장만하겠소이다. 하하하!"

노인을 붙잡은 청나라 군사는 올가미에 걸린 조선 백성들의 숫자를 헤아리면서 셈을 하였다. 그러고는 노예 시장에 내다 팔면 많은 돈을 벌 수 있다는 생각에 입이 찢어지도록 웃었다.

"제발, 제발 저희를 버리지 마십시오!"

올가미에 걸린 조선 백성들이 한목소리로 울부짖었다. 강빈은 백성들과 눈이 마주치는 것이 죄스러워 고개를 떨어뜨렸다.

강빈과 소현세자는 눈보라를 헤치며 남한산성에 닿았다. 망월봉 꼭대기에 꽂혀 있는 청나라의 깃발이 소현세자 일행을 맞았다. 펄럭이는 깃발에 쓰인 '항복하라.'라는 글자가 선명하게 보였다.

'하룻밤의 꿈이었으면…….'

강빈은 두 눈을 꼭 감고 간절히 바랐다.

"어서 오너라. 먼 길 오느라 고생이 많았다."

세상에서 가장 슬픈 얼굴을 한 임금이 소현세자와 강빈을 맞았다. 소현세자와 강빈은 눈물을 머금고 임금에게 절을 올렸다.

"결국 오랑캐들에게 나라를 잃고 말았구나. 흡!"

임금은 가까스로 울음을 참았다.

"항복하면 정말 용서해 주는 것입니까?"

소현세자가 꾹 다문 입술을 풀었다.

"청나라 황제가 용서하여도 조선의 백성들이 나를 임금으로 받들려 하지 않을까 두렵구나."

임금도 나라 안에서 벌어지는 청나라 군사의 인간 사

냥을 알고 있는 듯했다.

"……."

소현세자는 다시 입술을 꾹 다물었다.

청나라 황제는 까다로운 조항을 꼽으며 예의를 갖추어 항복할 것을 요구했다. 우선 이 종 임금에게 곤룡포를 벗게 했다. 그러고는 죄인이니 남색 옷을 입으라고 했다. 청나라 황제의 요구에 궁녀들은 임금이 입을 남색 옷을 짓느라 밤을 새웠다.

"조선의 이 종 임금은 남한산성의 서문으로 나와 항복의 예를 갖추라!"

아침이 밝자 남한산성 가득 청나라 장수의 목소리가 쩌렁쩌렁 울려 퍼졌다.

"한 나라의 임금에게 서문으로 나오라니요! 오랑캐에게 항복을 하는 것도 원통한 마당에 서문이라니요!"

신하들은 너도나도 화를 감추지 못했다. 심지어 청나라와 친하게 지내자고 주장하던 신하들까지도 분을 삭이지 못했다.

남한산성의 서문은 산성에서 가장 초라하고 옹색한 문으로, 잘 사용하지 않는 문이다. 그래서 시신이 나가는 문으로 사용할 뿐이다. 아무리 패전국의 임금이라지만,

한 나라의 임금에게 시신이 나가는 문으로 걸어 나오라니. 이에 울분을 터트리지 않는 이가 없었다.

이 종 임금은 남색 옷을 입고 서문을 향해 걸어 나갔다. 소현세자와 동생 봉림대군, 그리고 왕실 여인들이 그 뒤를 따랐다.

"아이고, 아이고!"

임금의 모습이 보이자 서문 앞에 서 있던 백성들이 통곡하기 시작했다. 임금이 가는 걸음걸음 백성들이 흘린 눈물이 땅바닥 위에 얼어붙어 새하얀 눈꽃을 피어 올렸다. 강빈은 백성들의 눈물로 얼어붙은 땅바닥에 발걸음이 달라붙어서 잘 떨어지지 않았다.

겨울옷을 구하지 못해 가마니로 추위를 가린 조선 군사들이 임금과 왕실 일행을 호위했다. 떠도는 소문이겠거니 생각했는데 꼬리가 상한 말들이 자주 눈에 띄었다. 눈에 보이는 것마다 하나같이 참혹하고 서글픈 광경뿐이었다. 고개가 저절로 땅에 떨어져 강빈은 발끝만 보고 걸었다.

"둥! 둥! 둥! 둥!"

청나라 군사들이 치는 승리의 북소리가 뼛속까지 파고드는 것 같았다. 길게 늘어서 있는 청나라 군사들의 창과

활이 햇빛을 받아 번쩍거렸다. 불덩어리를 끌어안은 것처럼 가슴이 뜨거워졌다. 강빈은 눈과 귀를 막고 싶었다.

 임금은 1월의 눈보라 속에서 오랑캐의 나라라면서 그토록 멸시했던 청나라 황제에게 삼배구고두례*를 올려야 했다.

"탁!"

"머리를 찧는 소리가 안 들리는구나!"

 청나라 황제는 높게 쌓아 올린 수항단 위에 앉아서 땅바닥에 꿇어앉은 이 종 임금을 굽어보며 호통을 쳤다. 그때마다 임금은 얼어붙은 땅바닥에 다시 머리를 찧어야만 했다. 삼배구고두례지만 이 종 임금은 사실상 수십 번 머리를 찧었다. 차가운 얼음 바닥에 계속해서 머리를 찧어 대는 바람에 임금의 이마는 짓이겨지고, 얼굴은 피 칠갑이 되었다.

"너희가 선비의 나라라고 뻐기더니, 붓으로는 나를 막을 수가 없는 모양이구나. 허허허!"

 청나라 황제가 비웃었다.

"신하 이 종, 청나라 황제께 용서를 구합니다. 세상에

삼배구고두례 세 번 절하고 아홉 번 머리를 찧는 것으로, 한 번 절을 할 때마다 세 번 머리를 땅바닥에 찧는 것을 세 번 반복하는 것

있는 모든 것을 살리시는 황제의 덕이 하늘과 같아서 반드시 불쌍하게 여겨 용서하실 것을 믿기에 공손한 몸과 마음으로 은혜로운 분부를 기다립니다."

비아냥거림에도 아랑곳하지 않고 임금이 청나라 황제에게 용서를 구했다. 그 모습을 보고 강빈은 쏟아지려는 눈물을 참고 또 참았다. 적군 앞에서 눈물을 보일 수는 없었다.

"너는 이미 죽은 몸이지만, 지난날을 뉘우치고 몸과 마음을 새롭게 하였기에 짐이 너를 다시 살려 주겠다. 그러니 앞으로 나에 대한 은혜를 한순간도 잊어서는 안 될 것이다."

해가 뉘엿뉘엿 넘어갈 쯤에야 청나라 황제가 겨우 이종 임금의 항복을 받아들였다.

"망극하옵니다!"

또다시 임금이 청나라 황제에게 머리를 조아렸다. 다음으로 소현세자와 왕자들이 청나라 황제에게 절을 올렸다. 그리고 강빈을 비롯한 왕실 여인들이 차례로 청나라 황제에게 절을 올렸다. 마지막으로 조선의 대신들이 청나라 황제에게 절을 올렸다.

그런데 그것으로 끝이 아니었다.

"이제 두 나라가 한 집안이 되었으니 너의 두 아들을 청나라로 데려가겠다."

 청나라 황제는 소현세자와 봉림대군을 청나라로 데려가겠다고 했다. 한 집안이 되었다는 것은 핑계일 뿐, 인질로 붙잡아 가려는 의도가 분명했다. 강빈은 다리에 힘이 빠져 어지럼증이 일어 서 있기조차 힘이 들었다. 하지만 결코 무릎을 꿇을 수는 없었다.

 날이 어두워져서야 가까스로 항복례를 마친 왕실 가족들은 한양으로 발길을 돌렸다.

 "아이고, 아이고!"

 임금이 지나는 곳마다 백성들의 통곡 소리가 하늘을 뒤덮었다.

고국산천을
떠나고자 하랴마는

 임금의 항복 이후 강빈은 소현세자와 함께 청나라 군영에서 무덤 속과도 같은 시간을 보냈다. 곶감을 빼먹듯이 하루하루 흘러가는 시간 속에서 가슴은 까맣게 타들어 갔다. 그리고 마침내 청나라로 떠나야 하는 날이 다가왔다.
 적국의 인질로 붙잡혀 가는 기약 없는 이별을 앞에 두고 하직 인사를 올리기 위해 강빈은 소현세자와 함께 임금을 찾아뵈었다. 임금이 있는 창경궁 역시 청나라 군사들이 철통같이 지키고 있었다.

"마음을 강하게 가져야 하느니라. 심하게 화를 내지도 말 것이며, 적들에게 가볍게 보여서도 아니 되느니라. 어떤 일이 생기더라도 조선의 세자로서 체모가 무너져서는 아니 되느니라."

소현세자의 손을 잡고 임금이 말했다.

"흑!"

강빈의 입에서 그동안 가까스로 참아왔던 울음이 새어 나왔다.

"살아만 있다면 반드시 다시 만날 날이 있을 것이다. 그러니 몸 상하지 않도록 해라."

강빈을 바라보는 임금의 눈에서도 눈물이 흘러내렸다. 그 모습을 본 신하들이 땅을 치며 통곡했다.

"나라를 편안하게 하고, 아바마마를 지킬 수만 있다면 어찌 청나라로 가는 것을 꺼리겠습니까. 모두 눈물을 거두십시오."

소현세자가 슬픔에 잠긴 임금과 신하들을 위로하였다.

인질로 끌려가는 것도 슬픈 일인데, 강빈에게는 또 하나의 큰 슬픔이 있었다. 원손 경선군과의 이별이었다.

"으앙!"

어린 경선군이 울음을 터트렸다. 청나라 군사의 얼굴

과 옷차림에 놀란 모양이었다. 경선군을 품에 안은 강빈은 청나라 군사가 보이지 않도록 손바닥으로 경선군의 눈을 가려 주었다. 그런데도 경선군은 울음을 그치지 않았다. 그런 경선군을 달래면서 강빈도 울었다. 살아가는 동안 지금처럼 크고 작은 일이 많을 것인데……. 그때마다 경선군의 곁을 지켜줄 수 없다는 현실에 눈물을 감출 수가 없었다.

임금이 강빈의 품 안에서 경선군을 안아갔다. 가슴이 서늘해졌다. 경선군과의 헤어짐은 감당할 수 없을 만큼 슬프지만 살아서 돌아올 수 있을지 기약이 없는 먼 길, 삶과 죽음을 장담할 수 없는 적국으로 어린 경선군을 데리고 갈 수는 없었다. 임금의 곁이 안전할 터였다.

강빈은 임금이 경선군을 지켜 주리라 믿었다. 그 생각에는 한 치의 의심이나 망설임이 없었다. 임금의 품에 안긴 경선군이 거짓말처럼 울음을 뚝 그쳤다. 그 모습을 보자 강빈의 가슴속에 가득 차 있던 슬픔이 서서히 잦아드는 것 같았다.

"세자가 궁궐에서만 자라 먼 길 가는 데 어려움이 많을 것이다. 몸에 탈이 나지 않도록 특별히 신경을 써 주거라."

임금이 강빈에게 소현세자를 부탁했다.
"세자를 따뜻한 온돌방에서 재워 주시오."
청나라의 장수 도르곤에게도 당부했다.
소현세자와 봉림대군 일행을 비롯해 궁녀들과 신하들이 줄을 지어서 궁궐을 빠져나갔다. 청나라로부터 배웅을 허락받은 임금은 먼발치에서 소현세자의 일행을 바라보았다.
백성들 보기가 부끄러워 날이 새기도 전에 궁궐을 빠져 나왔건만, 홍화문 밖에서 기다리던 백성들이 길을 막으며 울부짖었다.
"저하, 부디 몸을 보존하십시오!"
백성들의 통곡 소리가 온 나라에 울려 퍼졌다.
"패전한 나라의 세자로 백성들을 마주하기가 부끄럽고 죄스럽기 짝이 없는데, 이런 나를 책망하지 않고 오히려 안위를 걱정해 주다니……. 참으로 조선의 백성들을 볼 낯이 없소."
소현세자는 한 사람도 놓치지 않고 눈에 담으려는 듯 백성들에게서 눈을 떼지 않았다.
뒤를 돌아 보니 임금의 어가가 되돌아가는 것이 보였다. 백성들 보기가 부끄러운지 큰길을 두고 좁은 길로 느

릿느릿 사라지고 있었다. 궁궐과 임금의 모습이 점점 흐릿해졌다.

> 가노라 삼각산아, 다시 보자 한강수야.
> 고국산천을 떠나고자 하랴마는
> 시절이 하 수상하니 올동말동하여라.

함께 청나라로 끌려가는 김상헌 대감이 나직한 목소리로 시를 읊었다. 청나라와 친하게 지내는 것을 앞장서서 반대한 죄로 재판을 받으러 끌려가는 것이었다. 김상헌 대감의 시가 어찌나 자신의 마음과 같던지 강빈은 가마 안에서 눈물을 삼켰다.

한 번 입궁하면 밖으로 나오지 못하는 것이 왕실 여인의 삶이지만, 강빈은 병자년에 청나라가 일으킨 전쟁으로 피난을 가기 위해 눈보라를 맞으며 궁궐을 나서야 했고, 그것으로도 부족해 왕실 여인으로는 처음으로 조선을 떠나 적국에 인질로 붙잡혀 가는 운명을 맞았다.

친정집과 구중궁궐이 전부였던 강빈에게 청나라 대륙은 가도 가도 끝이 없는 길이었다. 두 달여를 꼬박 가마

속에서 살아야 했다. 잠잘 곳이 마땅치 않으면 천막을 치고 길에서 잠을 자기도 했다.

눈발이 날리던 2월에 출발했는데 어느덧 4월로 접어들고 있었다. 점점 눈발이 멎고, 산허리마다 드문드문 진달래꽃이 피어나기 시작했다. 강빈이 가는 길을 따라 진달래꽃이 마중을 나온 듯했다. 소현세자가 잠시 멈추어 서서 진달래꽃을 바라보았다.

"세자빈, 진달래꽃을 두견화라고도 부른다는 걸 아시오?"

소현세자의 물음에 강빈은 말없이 고개를 흔들었다. 참으로 오랜만에 들어보는 소현세자의 목소리였다. 나라를 잃고 목소리마저 잃어버리는 것은 아닌지 조마조마하던 참에 소현세자가 입을 연 것이 반갑기 그지없었다.

"옛날 촉나라에 두우라는 임금이 있었는데, 나라를 빼앗기고 억울한 마음에 죽어서 두견새가 되었다고 하오. 두견새가 된 두우 임금은 목구멍에서 피가 날 때까지 밤낮으로 서럽게 울었다 하오. 두견새가 울면서 토한 피가 땅바닥에 닿자 그 자리에서 붉은 진달래꽃이 피어났다고 하오."

슬프도록 아름다운 이야기였다. 두견새 이야기를 듣고

진달래꽃을 보니 얇은 꽃잎이 슬퍼 보이는 듯했다.

"혹여 아침에 두견새의 울음소리를 듣게 되면 사랑하는 사람과 헤어지는 것을 의미한다고 하오."

소현세자의 말에 강빈은 두견새의 울음소리가 얼마나 구슬플지 잠시 생각에 잠겼다.

봄은 오는데 강빈과 소현세자의 마음속 봄은 영원히 올 것 같지가 않았다.

망가 중에 망가로다

"황제 폐하가 계신 곳에서는 폐하의 부인도 감히 가마를 탈 수 없소. 그러니 세자빈은 가마에서 내려 말을 타도록 하시오!"

청나라 심양에 도착하자마자 용골대가 강빈의 가마를 가로막으며 고래고래 소리를 질렀다.

"무엄하오! 조선의 법도에는 세자빈마마가 말을 타는 경우는 없소이다!"

조선에서 함께 온 신하가 용골대에게 맞섰다.

"이곳은 조선이 아니라 청나라 땅이요. 마땅히 청나라

의 법도에 따라야 하오!"

용골대의 눈가가 파르르 떨렸다. 두 사람 모두 한 치의 물러남 없이 팽팽하게 맞섰다.

이백 명이나 되는 일행이 모두 멈춰 서서 이 상황을 지켜보고 있었다. 그들의 얼굴에는 오랜 시간 길에서 고생한 흔적이 가득했다. 한 발짝도 더 걸을 힘이 없어 보였다. 왕실 여인이 가마에서 내려 말에 오르는 것은 치욕적이고 굴욕적인 일이지만, 한시라도 빨리 그들을 쉬게 해 주고 싶었다.

"가마를 내리거라!"

강빈이 결단을 내렸다.

"마마, 저들의 요구를 들어 주어서는 안 됩니다!"

"몸은 비록 청나라에 있을지라도 조선의 세자빈으로서의 체모가 무너져서는 안 됩니다!"

신하들의 반대가 이어졌다.

"법도와 체모 때문에 많은 사람을 길에 세워둘 수는 없습니다."

단호하게 말하면서 말 위에 오르는 순간, 강빈은 조선과는 전혀 다른 세상에 왔음을 깨달았다.

"세자빈마마……."

말 위에 오른 강빈을 보면서 계향이가 옷고름을 말아 눈물을 찍어냈다.
"고작 말을 탄 것뿐인데, 호들갑스럽게 울 것 없다."
겉으로는 계향이를 야단했지만, 속마음은 고맙고 미안했다. 강빈의 마음을 눈치챈 계향이가 울음을 뚝 그쳤다. 조선에서 함께 온 일행들 역시 강빈의 말에 힘을 얻었다.

비록 청나라의 요구대로 말 위에 오를지언정 강빈에게서는 여전히 조선의 세자빈으로서의 위엄이 느껴졌다. 그런 강빈의 모습에 모두가 고개를 숙였다. 소현세자 일행을 무시하며 거들먹거리던 용골대마저도 슬그머니 뒤로 물러났다.

청나라 황제는 소현세자 일행에게 심양관을 내주었다. 황궁과 그리 멀지 않은 곳이었다.

"가까이 두고 우리를 감시하려는 속셈이겠지요."

계향이가 청나라의 속내를 짚어내며 툴툴거렸다.

"제법이구나. 계향이 너도 이제 궁궐 사람이 다 되었다. 호호호."

강빈이 모처럼 큰 소리로 웃었다.

"세자빈마마는 지금 웃음이 나와요? 저는 살아서 여길 벗어날 수 있을지 막막하기만 하구만요."

계향이가 울상을 지었다.

"너무 심각하게 생각할 것 없다. 반드시 살아서 조선으로 돌아갈 것이니 계향이 너는 나만 믿거라."

"에구, 심양관에 있는 것이라고는 먼지밖에 없는데, 어떻게 여기서 살아 나간다는 말씀이어요?"

심양관 곳곳에 두껍게 쌓인 먼지를 닦아내며 계향이가

강빈의 말을 되받아쳤다. 강빈은 어린 시절로 돌아간 것만 같아 계향이의 툴툴거림이 정겹게 느껴졌다.

"두고 보아라. 반드시 지금의 위기를 기회로 바꾸고 말 테니!"

그러자 계향이의 입가에 엷은 미소가 살짝 스쳤다. 겉으로는 툴툴거리면서도 강빈의 말을 믿는 눈치였다.

어린 시절부터 강빈은 아무리 힘든 상황에서도 당차고 야무졌다. 여자라고, 양반이라고 해서 눈치를 보거나 가리는 것이 없었다.

"그 말씀을 들으니 양반집 귀한 애기씨가 억척같이 나물을 캐서 온 동네 아이들에게 나누어 주던 모습이 어제 일 같네요. 호호호."

계향이에게 오랜만에 '애기씨'라는 소리를 들으니 강빈의 기분이 밝아지는 것 같았다. 잠시나마 근심과 걱정이 떠나는 것 같았다.

계향이 앞에서 큰소리를 탕탕 쳤지만, 강빈의 머릿속은 뒤죽박죽이었다. 조선에서 함께 온 궁녀들과 신하들까지 모두 합쳐 이백 명이나 되는 대식구가 먹고 살길이 막막했다.

"아니, 이렇게 적은 돈으로 어떻게 심양관 식구들을

먹여 살린단 말이오!"

조선의 신하가 용골대에게 따져 물었다.

"인질들에게 이 정도의 큰 인심을 베풀었으면 고맙다는 인사는 못 할망정 감히 불만을 품다니……. 황제 폐하의 명에 복종하지 않겠다는 뜻이오? 선비의 나라라고 잔뜩 뼈길 때는 언제고, 이제 와서 거지처럼 돈이나 구걸하기는……. 쯧쯧!"

자신이 주인집 아들이나 되는 양 용골대는 잔뜩 거드름을 피우며 조선을 조롱하였다. 그야말로 잘난 척이 하늘을 찔렀다.

하지만 강빈은 용골대의 잘난 척을 곧이 곧대로 믿지 않았다. 지금 청나라는 명나라와의 전쟁 준비로 돈이 몹시 궁한 형편이었다. 그런 상황에 이백 명이나 되는 조선의 인질들이 부담스러울 터였다. 그렇다고 생활비를 대어 주지 않자니 큰 나라라는 청나라의 체면에 손상이 갈 것이 빤했다. 하는 수 없이 먹고 지낼 최소한의 돈을 심양관에 보냈을 것이다.

"그만하면 되었다."

비록 적은 돈이지만 강빈은 알뜰살뜰 심양관 식구들을 먹이고 입혔다. 넉넉하지는 않았지만, 배를 곯지는 않았다. 그리고 만일의 일을 대비해서 조금씩 돈을 모으기도 했다. 그럭저럭 강빈과 조선에서 온 일행은 심양 생활에 적응해가고 있었다.

"오늘 아문 밖에서 김상헌 대감의 취조가 있다고 하오. 어찌하겠소?"

아침 일찍 소현세자가 물었다. 함께 갈 것인지 의향을 묻는 것이었다.

"제가 간들 김상헌 대감에게 무슨 힘이 되겠습니까."

망설여졌다. 비록 이곳이 조선이 아닌 청나라일지라도 강빈을 지켜보는 눈이 하나둘이 아니었다. 조선과 청나라를 오가는 대신들에 의해 강빈의 말과 행동 하나하나가 본국에 있는 임금에게 전해지고 있다는 걸 누구보다도 잘 알고 있었다.

"지금 이곳은 조선이 아니라 청나라요. 조선 왕실의 법도에 몸과 마음이 묶여서는 아니 될 것이오. 적국에서 세자빈이 함께하는 것만으로도 김상헌 대감에게는 큰 힘이 될 것이오."

어떻게 알았는지 소현세자가 강빈의 속마음을 족집게처럼 짚어냈다. 소현세자의 말에 용기를 얻은 강빈은 채비를 서둘렀다.

김상헌 대감은 이미 아문 밖으로 끌려 나와 있었다. 오랜 감옥살이로 모습이 엉망이었다. 청나라 형부 관리들도 모두 모여 있었다. 용골대가 소현세자와 강빈에게 서쪽 벽 쪽에 앉기를 청했다. 강빈은 소현세자의 곁에 허리를 곧게 펴고 앉았다.

"임금이 남한산성으로 피난가던 날, 김상헌은 왜 따라가지 않았는가?"

역관의 통역을 통해 신문이 시작됐다.

"신하된 자의 충정으로 어찌 임금을 따르고자 하는 마음이 없었겠느냐. 불행하게도 몸이 늙고 병들어 벼슬을 할 수 없는 처지라서 모시고 가지 못했을 뿐이다."

김상헌 대감이 꼿꼿한 자세로 대답했다.

"몸이 늙고 병들어서 벼슬을 할 수 없는데, 청나라와 친하게 지내는 것을 비판하고 반대하는 상소를 올린 것은 어째서인가?"

청나라 형부 관리가 물었다.

"몸이 늙고 병들었다고 해서 임금과 백성을 사랑하는 마음마저 늙고 병들었겠느냐. 비록 상소는 올렸으나 임금께서 받아들이지 않으셨다. 너희 나라가 꾸민 일중에서 내 상소 때문에 이루지 못한 일이 있느냐?"

오히려 김상헌 대감이 청나라 형부 관리에게 호통을 치는 격이었다.

 김상헌 대감의 굽힘 없는 말에 구경하던 사람들이 숨을 죽였다. 강빈은 김상헌 대감이 조선의 신하라는 점이 자랑스러운 반면 거침없는 말로 자칫 목숨을 잃을까 걱정이 되어 노심초사하였다.

 "형부 관리에게 김상헌 대감의 말을 전할 때 낮춰 하는 말을 정중한 높임말로 바꾸고, '너희 나라'는 '청나라'로 고쳐서 전하거라."

 소현세자가 통역을 하는 역관을 불러 귓속말을 하였다. 김상헌 대감의 행동에 감탄한 역관이 소현세자의 명령을 받들었다.

 "대감, 제발 저들에게 살려달라고 한 말씀만 하십시오!"

 "저 오랑캐들에게 목숨을 구걸하느니 기쁜 마음으로 죽음을 택하겠네."

 눈물로 간청하는 역관에게 김상헌 대감이 단호하게 말했다.

 "김상헌은 과연 망가* 중에 망가로다!"

 청나라 형부 관리가 김상헌 대감의 모습에 혀를 내두

망가 청나라 말로 '매우 어렵다'라는 뜻

르며, 두 번씩이나 망가라는 말을 썼다.

"죽어 마땅한 죄를 지었으나 늙고 병들었음을 가엽게 여겨서 풀어 줄 것이다. 이것은 황제 폐하의 크나큰 은혜이니 예의를 갖추어 황제 폐하가 계신 곳을 향해 절을 올려라."

형부 관리가 김상헌 대감의 죄를 특별히 사면해 줌을 공표하였다. 늙고 병든 김상헌 대감을 처벌해봤자 별 이득이 없다고 생각한 모양이었다. 목소리만 크다뿐이지 오랜 고문과 옥살이로 김상헌 대감은 이미 이 세상 사람이 아닌 듯했다. 그제야 강빈은 꼭 쥐고 있던 주먹을 스르르 풀었다. 손바닥이 땀으로 끈적거렸다.

"허리에 병이 있어 절을 올리는 것은 어렵다!"

김상헌 대감이 허리의 병을 핑계로 황제에게 절을 올리는 것을 거절했다. 강빈은 다시금 주먹이 쥐어졌다. 청나라 형부 관리의 표정이 점점 험악해졌다. 피가 위로 몰리는지 얼굴이 점점 벌겋게 달아올랐다. 역관도 어찌해야 할지 몰라 입술만 꼭꼭 되씹고 있었다.

강빈은 손짓으로 역관을 불렀다. 그리고는 머리에 꽂고 있던 금비녀와 손가락에 끼고 있던 옥가락지를 빼서 역관에게 주었다.

"이것을 형부 관리에게 전하거라."

강빈의 뜻을 알아차린 역관이 금비녀와 옥가락지를 형부 관리의 옷섶에 찔러 넣었다. 아무도 모르게 순식간에 일어난 일이었다.

"김상헌의 몸에서 쇠사슬을 벗겨내라!"

한층 표정이 부드러워진 형부 관리가 명령을 내렸다. 기다렸다는 듯이 역관이 달려가 김상헌 대감의 몸을 칭칭 감고 있던 쇠사슬을 벗겼다. 그 모습에 강빈의 주먹이 스르르 풀렸다. 바람이 통하자 주먹 안에 갇혀 있던 땀방울들이 시원한 여운을 남기면서 공중으로 흩어졌다.

"고운 비단옷에 금비녀와 옥가락지로 치장하고서 무슨 면목으로 김상헌 대감을 보겠느냐."

"세자빈마마, 청나라 관리들 앞에 나서는 일이옵니다. 조선 왕실 여인의 체모는 갖추셔야 해요."

한사코 싫다는 금비녀와 옥가락지를 애써 몸에 지니게 해준 계향이가 새삼 고마웠다.

멈추지 않는
운명의 수레바퀴

비록 목숨은 부지했지만, 계속해서 자신들을 비판할 것을 걱정한 청나라는 김상헌 대감을 조선으로 돌려보내지 않고, 심양관 옆에 따로 거처를 마련해주고는 감시를 게을리하지 않았다.

"참으로 자랑스럽기 그지없소."

그날 저녁, 소현세자는 김상헌 대감을 심양관으로 불러 그동안의 고생을 위로했다.

"계향아, 지난번에 아껴둔 생선젓을 올리거라."

강빈은 옥고를 치른 김상헌 대감을 위해 아껴두었던

생선젓으로 밥상을 차리게 했다.

얼마 전, 조선에서 붙잡혀 온 조선 백성 수십 명이 심양관을 찾아와 소현세자를 보고 한참을 울었던 적이 있었다. 그때 누더기를 걸친 이천총이라는 자가 어디서 구했는지 귀한 생선젓을 바쳤다. 강빈은 이천총의 마음을 가볍게 여길 수가 없어 차마 생선젓에 손을 대지 못하고 있었다. 그 귀한 생선젓을 김상헌 대감의 상에 올린다면 이천총도 기뻐할 것이라는 생각이 들었다. 심양에 온 후 오늘처럼 기쁜 날은 처음이었다.

"금비녀와 옥가락지를 청나라 형부 관리에게 줄 생각을 어찌하였소?"

김상헌 대감이 돌아가자마자 소현세자가 물었다.

"알고 계셨습니까?"

소현세자가 말없이 고개를 끄덕였다.

"돈은 귀신도 부린다고 하지 않습니까. 기름기가 끼어 있는 청나라 형부 관리의 얼굴을 보고 돈이면 김상헌 대감을 살릴 수 있을 것이라는 생각이 들었습니다. 김상헌 대감을 잃고 싶지 않다는 생각에……."

강빈은 말끝을 흐렸다. 옳고 그름을 판가름하기가 어려웠다. 왕실 여인으로서 정사에 끼어든 일, 값이 나가는 물건을 이용해서 김상헌 대감을 구한 일이 잘한 일인지 자신이 없었다.

"음식을 잘 만드는 사람은 음식 재료에 따라 각기 다른 칼을 사용한다고 하오. 세자빈은 오늘 적절한 칼을 아주 잘 사용하셨소. 세자빈 덕분에 마음이 아주 즐겁습니다. 하하하."

모처럼 만에 소현세자가 환하게 웃었다. 그 모습에 강빈의 마음도 환해지는 것 같았다. 늘 자신이 하는 일을 지지해 주는 소현세자 덕분에 마음이 든든해졌다.

하지만 운명의 수레바퀴는 결코 멈추지 않는 법.

"황제 폐하께서 더는 심양관에 식량을 대줄 수 없으니 내년 봄부터는 직접 농사를 지으라 명하셨습니다!"

저녁 무렵 용골대가 찾아와서 갑작스러운 청나라 황제의 명령을 전했다. 갑작스러운 상황에 소현세자를 비롯한 심양관 식구들은 당황했다.

"농사라니? 농사라니!"

"왜 갑자기 우리더러 농사를 지어 식량을 해결하라는 것이냐?"

소현세자가 용골대에게 따져 물었다.

"그것을 몰라서 묻는 것이오? 자연재해로 지금 청나라

백성들도 먹을 것이 턱없이 부족한 상황이오. 그동안 실컷 먹여 주고, 재워 주었으니 이제는 농사를 지어서 해결하시오!"

"갑자기 스스로 농사를 지어 식량을 해결하라는 것은 어린아이에게 젖을 빼앗고 스스로 먹을 것을 찾아서 먹으라는 것과 같다. 그러니 어찌 울부짖지 않겠느냐!"

좀처럼 화를 내지 않는 소현세자가 이번만큼은 화를 참지 못했다.

"황제 폐하의 명령을 거역할 셈이오!"

용골대가 소현세자를 윽박질렀다.

"죽고 사는 것은 하늘에 달렸으니 나를 협박하지 말라!"

소현세자도 지지 않고 용골대에게 호통을 쳤다. 그러자 용골대가 슬금슬금 소현세자의 눈치를 살폈다.

"저하, 절대 농사를 지어서는 안 됩니다. 농사란 사냥이나 낚시처럼 하루아침에 이루어지는 것이 아닙니다. 논과 밭을 갈고, 씨를 뿌려 거두어들이는 데 족히 일 년은 걸립니다. 게다가 농사는 정착을 의미합니다. 세자마마를 청나라에 계속 붙잡아두려는 속셈입니다. 그러니 절대 저들의 제안을 받아들여서는 안 됩니다."

신하들의 반대가 빗발쳤다.

"시간을 두고 신중하게 생각해서 결정하겠다."

소현세자는 결정을 미룬 채 용골대를 물러가게 했다.

강빈은 잠자리에 누웠다. 하지만 쉽게 잠이 오지 않았다. 밤이 깊어갈수록 점점 더 잠이 달아나는 것만 같았다. 낮에 했던 용골대의 말이 머릿속에서 떠나지 않았다. 아무리 생각해도 왕실 여인이 직접 농사를 짓는 것은 법도에 없는 일이었다. 그렇다고 해서 농사를 짓지 않으면 먹을 것을 어디서 구한단 말인가. 청나라 황제의 명령과 조선 왕실의 법도 사이에서 이러지도 못 하고 저러지도 못 하고 마음이 갈팡질팡하였다.

새벽녘이 다 되어서야 겨우 잠이 든 강빈의 꿈에 심양관을 향해 달려드는 들쥐 떼가 보였다. 새카맣게 몰려드는 들쥐떼를 보고 비명이 터져 나오려던 찰나, 강빈의 눈에 들쥐들이 입에 문 벼 이삭이 보였다. 벼 이삭이 어찌나 탐스럽게 영글었는지 황금처럼 반짝반짝 빛났다. 들쥐들이 밤새도록 벼 이삭을 물어와 텅텅 비어 있던 심양관 창고가 가득 차기 시작했다. 그러자 심양관 창고에서 황금빛이 뿜어져 나왔다. 그 빛이 워낙 눈부셔 눈을 뜰 수가 없었다. 비록 꿈이었지만 현실처럼 생생했다. 오히려 꿈이라는 게 믿기지 않을 정도였다.

"간밤에 꿈을 꾸었습니다."

잠자리를 털고 일어나자마자 강빈은 소현세자에게 꿈이야기를 했다. 아무 말 없이 강빈의 이야기를 들은 소현세자가 말을 이었다.

"나 또한 밤새도록 생각해 보았소. 그 결과 비록 몸은 힘들지언정 적국에서 주는 쌀을 받아 먹는 것보다 우리가 직접 농사를 짓는 것이 훨씬 당당하고 마음이 편할 것 같다는 결론을 내렸소."

소현세자의 말에 강빈은 세상을 다 얻은 것만 같았다.

"저들의 제안을 받아들이기로 하였다."

소현세자가 신하들을 모아놓고 말했다.

"우리가 무슨 수로 농사를 짓는단 말씀입니까?"

신하들도 쉽게 뜻을 꺾지 않았다.

"이곳에서 조선인들이 노예로 팔리는 것을 보았습니다. 우리가 그들을 사서 함께 농사 지으면 됩니다."

강빈이 소현세자를 거들었다. 강제로 붙잡혀서 노예로 팔려가는 조선 백성들을 수도 없이 보았던 참이었다.

청나라 군사들은 짧은 전쟁 기간 동안 많은 조선인들을 납치했다. 그들이 노리는 것은 오로지 돈이었다. 그들은 돈벌이를 목적으로 조선인들을 납치해 노예 상인에게 팔았다. 노예 상인들은 조선 백성들을 비싼 값을 받고 노예로 팔기도 하고, 속환가*를 받고 조선으로 돌려보내기도 했다.

전쟁 중에 납치당한 가족을 되찾기 위해서 조선인들은

속환가 돈이나 물건을 주고 빼앗긴 것을 다시 되찾아온다는 뜻으로, 전쟁 중에 잡혀간 가족을 되찾기 위해 지불하는 돈

청나라 노예 상인들에게 많은 돈을 지불해야만 했다. 그래서 청나라 군사들은 속환가를 많이 받을 수 있는 양반집 아들과 딸들을 납치해가려고 했다. 하지만 잡혀간 이들의 대부분이 속환가를 마련할 수 없는 가난한 백성들이었다.

속환가는 싼 경우에는 스물다섯 냥에서 서른 냥 정도이고, 보통은 백오십 냥에서 이백오십 냥이었다. 그런데 양반들이 하루빨리 가족을 되찾아 오기 위해 속환가를 터무니없이 올려놓는 바람에 가난한 백성들은 희망을 잃고 울부짖었다.

많은 백성이 조정에서 속환 문제를 해결해 주기를 바랐지만, 정작 임금은 속수무책으로 손을 놓고 있었다. 오히려 청나라의 명령을 충실하게 따르느라 청나라에서 도망쳐 오는 조선 백성들을 붙잡아서 되돌려 보내기까지 했다. 믿었던 조선의 배신에 몸서리를 치며 백성들은 압록강에 몸을 던졌다. 그런 이유로 압록강에는 조선인들의 하얀 저고리가 종잇장처럼 떠다녔다. 이런 사실이 알려지자 백성들 사이에서 임금을 원망하는 목소리가 점점 높아지고 있었다.

패전국 노예들의 삶은 생각보다 더 비참하고 참담했

다. 그들의 울부짖는 소리가 심양관까지 들리는 것 같았다. 그들을 볼 때마다 도울 길이 없어 죄스럽고 막막하기만 했는데, 오히려 그들을 사서 농사를 짓는다면 조선인들이 노예로 팔려가는 것을 막을 수 있을 뿐만 아니라 농사에 능숙하기 때문에 어렵지 않게 농사를 지을 수 있을 것이라는 생각이 들었다.

"모두 세자빈의 의견에 따르라!"

단호한 소현세자의 말에 신하들은 더는 말을 잇지 못했다.

점점 단단해져 가는 마음

"계향이는 나를 따르거라."

강빈은 그동안 모아온 돈을 모두 털어 곧장 조선인 노예들을 사고파는 남탑 시장으로 향했다.

젊은 남자와 여자는 물론이고, 노인들과 어린아이들까지 남탑 시장은 흰옷을 입은 조선인들의 울부짖는 소리로 가득 찼다.

"아이가 있느냐?"

저고리 밖으로 젖이 흘러내리는 젊은 아낙에게 강빈이 물었다.

"젖먹이를 두고 잡혀 왔구먼요. 흑!"

젊은 아낙이 말을 잇지 못하고 울음을 토해냈다.

"이 아낙의 값을 치르거라."

계향이가 값을 치르자 노예 상인이 젊은 아낙을 내어 주었다. 계향이가 냉큼 달려가 아낙의 손과 발목에 감겨 있는 포승줄을 풀어 주었다. 젊은 아낙을 보자 조선에 두고 온 원손 생각에 강빈의 젖가슴에서도 팽그르르 젖이 도는 것만 같았다.

"으음, 맛있어라."

땅바닥에 그림을 그리면서 입을 쩍 벌리고 있는 사내아이 앞에서 강빈의 걸음이 멈추었다.

"무엇을 하는 게냐?"

하지만 사내아이는 대꾸도 없이 계속 그림을 그리면서 입을 오물거렸다. 이내 사내아이는 붉은 돌멩이로 땅바닥에 죽죽 선을 그었다. 조금 있으니까 큼지막한 고깃덩어리가 형체를 잡아갔다. 마침 땅바닥에 햇살이 스며들자 고깃덩어리가 눈앞에 있는 것처럼 생생했다. 그러자 더욱 먹음직스러워 보였다.

"아유, 맛있어라."

아이는 땅바닥에 그려진 고깃덩어리를 보면서 씹는 시

늉을 했다.

"그러다가 네 혀까지 씹어 먹겠다."

계향이가 사내아이의 몸을 흔들었다. 그러자 사내아이가 꿈에서 깬 얼굴을 하고는 계향이와 강빈을 보며 울상을 지었다. 눈앞의 고깃덩어리가 사라져 몹시 속상한 모양이었다.

"꼬르륵."

사내아이의 배곯는 소리가 강빈의 귀에는 울부짖는 소리보다도 더 크게 들리는 듯했다.

"그림 솜씨가 제법이구나. 진짜 고깃덩어리인 줄 알고 호랑이도 달려들겠구나."

강빈은 웃어야 할지 울어야 할지 마음이 정해지지 않았다. 웃음이 나면서도 눈가가 촉촉해졌다. 사내아이가 그런 강빈을 멀뚱멀뚱 쳐다보았다. 칭찬인지 꾸지람인지 몰라 아리송한 얼굴이었다.

"몇 살이냐?"

"올해 열두 살이구먼요."

사내아이가 기어들어가는 목소리로 대답했다. 어찌나 작고 말랐는지 도무지 제 나이로 보이지 않았다. 몸에는 매를 맞은 자국이 죽죽 그어져 있었다.

"계향아, 이 아이도 값을 치르거라."

계향이가 값을 치르자 사내아이가 비틀비틀 강빈의 뒤를 따랐다.

"마님, 조선에 처자식이 있습니다요! 제발 저를 사주십시오!"

젊은 남자가 강빈의 치맛자락을 붙들었다. 평상복을 입은 탓에 강빈이 조선의 세자빈이라는 사실을 까마득히 모르는 것 같았다. 뼈만 앙상하게 남은 남자는 마치 해골을 보는 듯했다. 강빈은 남자의 눈을 들여다보았다. 남자는 강빈을 간절하게 바라보고 있었다.

"값을 치르거라."

그러자 해골과도 같던 남자가 벌떡 일어나 강빈의 뒤를 따랐다.

"다 죽어가던 사람이 세자빈마마의 말 한마디에 벌떡 살아났네요. 어디서 저런 큰 힘이 났을까요?"

계향이가 작은 목소리로 물었다.

"아마도 조선에 두고 온 가족 때문이겠지. 기필코 살아서 가족을 만나겠다는 희망이 저 남자를 버티게 하는 큰 힘일 게야."

젊은 남자가 듣지 못하게 강빈도 속삭였다.

"아니, 다 죽어가는 노예들을 데리고 어떻게 농사를 짓는단 말입니까?"

남탑 시장에서 사 온 노예들을 보자 신하들이 혀를 내둘렀다.

"대감들의 눈에는 저들이 품고 있는 희망의 씨앗이 보이지 않는단 말입니까!"

사람들은 왜 눈에 보이는 것만 믿는 것일까. 강빈의 눈에는 조선인 노예들이 품고 있는 간절한 희망의 씨앗이 보이건만, 신하들의 눈에는 그저 볼품없고 힘없는 모습만 보이는 듯했다. 무슨 일이든지 간절한 마음으로 정성을 다하면 이루지 못할 일이 없는 법인데…….

강빈은 어린 시절 아버지가 읊어 주던 글귀를 떠올렸다. 그러자 아버지에 대한 그리움이 걷잡을 수 없이 밀려들었다.

"문성아, 문명아, 문두야, 문벽아, 문정아!"

아버지는 아들들을 집 안에서 직접 가르쳤다. 점심때가 되면 밥 짓는 소리대신 글 읽는 소리가 집 안 가득 울려 퍼졌다. 덕분에 어린 강빈은 날마다 점심때가 되면 마루 끝에 쪼그리고 앉아 방 안에서 들려 오는 글 읽는 소리에 귀를 기우리고는 했다.

"문성아, 중용 23장의 뜻에 대해 말해 보아라."

아버지의 질문에 한 치의 망설임 없이 문성 오라버니가 대답했다.

"작은 일도 무시하지 않고 지극히 정성을 다하는 사람만이 세상을 바꿀 수 있다는 뜻입니다."

"옳거니. 아주 잘했다!"

아버지가 흐뭇해하며 무릎을 치는 소리가 지금도 귓가에 쟁쟁했다.

어린 시절 강빈은 글 읽는 소리가 좋았다. 창호지 밖으로 새어 나오는 글 읽는 소리를 듣고 있으면 밥을 먹지 않아도 저절로 배가 불렀고, 시간 가는 줄도 몰랐다. 글을 통해 강빈은 세상의 이치를 깨달았다. 아버지는 그런 강빈을 위해 일부러 큰 소리로 책을 읽었다. 가난했지만 다시없이 행복했던 시간이었다. 강빈은 아버지의 말씀을 떠올리며 온 정성을 다해 농사를 지어야겠다는 각오를 다시 한 번 다졌다.

강빈은 조선인 노예들과 함께 직접 농기구를 들고 청나라에서 내어 준 땅에 농사를 짓기 시작했다. 버려진 것이나 다름없는 땅에서 돌멩이들과 풀뿌리들을 걷어냈다.

"세자빈마마, 제가 할 테니까 비켜나세요."

계향이의 만류에도 강빈은 일손을 놓지 않았다. 심양관 식구들과 조선인 노예들의 희망이 자신의 손에 달려 있다는 것을 누구보다도 잘 알기에 한 시도 일손을 놓을 수가 없었다.

강빈은 김상헌 대감과 조선인 노예들을 구하면서 돈의 힘을 깨달았다. 돈은 임금이 못한 일까지도 척척 이루어 냈다. 지금보다 많은 돈이 모이면 더 많은 조선인 노예들을 구할 수 있을 것이라는 생각에 몸 구석구석에서 억척같은 힘이 솟아났다.

"조선의 세자빈마마가 흙 강아지가 된 것을 보면 청나라 사람들이 흉보겠어요."

계향이가 웃음 반 걱정 반 섞인 농담을 했다.

"청나라 사람들이 어떻게 생각하든 상관없어. 내 나라 백성들을 살리는 일이라면 흙 묻은 강아지가 아니라 똥 묻은 강아지라도 털끝만큼도 창피하지 않아."

강빈은 송글송글 이마에 맺힌 땀방울을 손등으로 닦으며 말했다.

"세자빈마마의 고집을 누가 말려요."

계향이가 다시 일손을 바쁘게 놀렸다. 강빈은 스스로 결정한 일이라지만 계향이는 자신의 의지와는 상관없는 일이었다. 그런데도 그 누구보다도 열심히 농사일을 거들었다. 그런 계향이가 참 고마웠다.

심양관에 와서야 강빈이 조선의 세자빈이라는 사실을 알게 된 노예들은 몸과 마음을 바쳐 열심히 일했다. 덕분에 해마다 풍작을 이루었다. 심양관에서 거두어들인 쌀은 청나라 사람들이 지은 것보다 기름진 데다가 몇 곱절 많은 수확량을 자랑했다. 덕분에 먼지만 수북하게 쌓여 있던 심양관 창고가 쌀가마니로 그득그득하게 채워졌다.

"심양관 쌀이 우수하다지요."

순식간에 소문이 돌자 청나라 귀족들이 쌀을 사기 위해 줄을 섰다. 창고에 가득 쌓여 있던 쌀들이 날개돋인 듯이 높은 가격에 술술 팔려나갔다.

"그동안 수고 많았다. 이제 조선으로 돌아가거라."

강빈은 쌀을 팔아 벌어들인 많은 돈으로 조선인 노예들을 조선으로 돌려보냈다. 젖먹이를 두고 왔다던 젊은 아낙도 돌려보내고, 처자식을 두고 왔다던 해골 같던 젊은 남자도 돌려보냈다.

"세자빈마마는 새로운 세상을 열어 준 하늘입니다요."

노예의 신분에서 풀려난 그들은 가족이 기다리는 조선 땅을 향해 힘찬 걸음으로 심양관을 벗어났다. 그런 그들을 보면서 강빈은 더 많은 돈을 벌어 더 많은 조선인 노예들을 가족의 품으로 돌려보내리라 다짐했다.

"너희는 정말 후회가 없겠느냐?"

남아 있는 노예들을 향해 물었다.

"어차피 조선으로 돌아가 봤자 배만 곯을 게 뻔해요. 차라리 이곳에서 배부르게 먹으며 농사를 짓는 편이 백 배 나아요."

사내아이가 털끝만큼도 망설이지 않고 말했다.

"조선에 있는 부모님이 보고 싶지도 않으냐?"

강빈이 재차 물었다.

"아버지는 전쟁 때 청나라 군사의 화살에 맞아 돌아가셨고, 어머니도 저처럼 청나라 군사에게 잡혀가서 소식을 몰라요. 그러니 조선에서 저를 기다리는 사람은 아무도 없어요."

사내아이의 목소리가 점점 축축해졌다.

강빈은 심양관에 남기로 한 조선인 노예들을 빙 둘러보았다. 양반집 마님이었다던 아낙이 눈에 띄었다. 몇 해 전, 노예 상인에게 사 올 때 꽤 비싼 값을 치렀던 터라 또

렷하게 기억하고 있었다. 그 당시 아낙은 찢어진 비단옷을 입고 모든 것을 포기한 것 같은 표정으로 앉아 있었다.

"이 아낙을 사고 싶소."

강빈의 마음을 알아챈 계향이가 노예 상인과 몸값을 흥정했다.

"이 아낙은 값이 비싸오."

노예 상인은 아낙의 몸값으로 다른 노예들의 열 배에 가까운 돈을 불렀다.

"아니, 왜 터무니없이 비싼 값을 부르는 것이오?"

계향이가 발끈해서 따져 물었다.

"이 아낙은 양반집 마님이오. 조선에서 사람을 보내 찾으러 올지도 모르오. 그때는 부르는 게 값이니 당연히 값이 비싸지 않겠소. 그러면 이 아낙 말고 다른 노예로 고르시오."

노예 상인의 말에 아낙의 눈동자가 강빈을 바라봤다.

"제, 제발 저, 저를 사, 사 주십시오."

아낙이 더듬더듬 말을 이었다.

"노예로 팔리느니 조선에서 찾으러 올 때까지 기다리는 것이 낫지 않겠소?"

강빈이 아낙을 달래었다.

"속환이 되어 조선으로 돌아간들 시댁에서 저를 반겨 줄 리가 있겠습니까. 청나라에 붙잡혀갔다가 풀려난 여인들은 시댁에서 내쫓긴다고 들었습니다. 환향녀* 소리를 들으며 조선에서 사느니 차라리 이곳에 사는 것을 택하겠습니다."

모든 것을 체념한 것 같은 목소리로 자기 생각을 이야기하던 아낙의 목소리가 아직도 강빈의 가슴 언저리에 가시처럼 박혀 있는 것 같았다. 양반집 아낙에게 시댁에서 내쫓긴다는 것은 죽음과도 같은 일임을 그 누구보다도 잘 알고 있었다.

강빈이 아무리 많은 조선인 노예들을 사들여도 남탑 시장에는 여전히 조선인 노예들이 차고 넘쳐 났다. 시간이 흐를수록 수모와 멸시를 견디지 못해 스스로 목숨을 끊는 사람들도 있었고, 굶어 죽거나 맞아 죽는 사람들도 생겨났다. 조선인 노예들의 생각에 마음이 급해진 강빈은 밤낮없이 돈을 벌기 시작했다. 그러는 사이 농사의 규모는 점점 커져 천 일 동안 농사를 지어야 할 만큼의 넓은 땅을 가지게 되었다. 그러던 어느 날이었다.

환향녀 병자호란을 겪고 정절을 잃은 후 '고향으로 돌아온 여성'을 이르던 말

"세자빈마마, 이것 좀 보시어요."

계향이가 조심스레 편지 한 통과 은자 오백 냥이 담긴 주머니를 내밀었다.

옷감과 표범 가죽, 그리고 수달 가죽을 구해 주시오.

편지를 쓴 장본인은 청나라 황제 누르하치의 열두 번째 아들이었다. 그야말로 청나라 최고의 왕족으로부터 부탁을 받은 것이었다.

청나라는 명나라를 위협할 만큼 군사력이 막강하고 세력이 크지만, 생활과 문화 수준은 조선보다 높지가 않았다. 가축을 기르는 유목 민족인 탓에 농사와 손으로 물건을 만드는 일에는 몹시 서툴렀다. 전에는 명나라를 통해 필요한 물건을 구했지만, 잦은 전쟁으로 사이가 틀어지자 명나라 대신 조선의 품질 좋은 물건을 구하기 위해 비밀스레 편지를 보낸 것이었다.

"세자빈마마, 어떻게 하실 생각이래요?"

계향이가 물었다.

"어떻게 하긴. 당연히 구해 주어야지."

강빈의 대답을 들은 계향이의 얼굴에서 핏기가 사라지

면서 하얗게 변했다.

"농사도 부족해서 이제는 장사까지 하시겠다는 말씀이어요?"

"돈이 되는 일인데 당연히 해야지."

강빈은 단호하게 말했다.

"장, 장사를 하는 것은 왕실의 법도에……."

계향이가 말을 더듬었다. 농사를 짓는 것도 임금의 눈 밖에 날 일이라 가슴을 졸이고 있는 터에 장사까지 하겠다고 나서니 대책이 안 서는 모양이었다.

"계향아, 왕실이 있는 것은 백성이 있기 때문이란다. 백성이 없다면 어찌 나라가 있고 왕실이 있을 수 있겠느냐. 조선은 전쟁으로 많은 백성을 잃었다. 단 한 사람의 백성이라도 살릴 수 있는 길이 있다면 나는 물과 불을 가리지 않을 생각이다. 나에게는 왕실의 법도보다 한 사람의 백성이 더 소중하고 귀하다. 그러니 내 뜻을 가로막지 말아라."

강빈은 '백성을 살릴 수 있는 일이라면 물과 불을 가리지 않겠다.'는 말이 계향이의 귓속을 파고들도록 힘을 주어 말했다.

강빈은 조선을 오가는 신하들을 통해 청나라 왕자에게

옷감과 표범 가죽, 수달 가죽을 구해 주었다. 품질에 만족한 왕자는 그 후에도 종이와 홍시, 배, 꿀, 생강, 담배 등 점점 더 많은 품목을 구해달라고 했다. 그 덕에 심양관에는 엄청난 재물이 쌓이게 되었다.

그렇게 벌어들인 돈으로 강빈은 남탑 시장에서 더 많은 조선인 노예들을 샀다. 그들을 위해서라면 농사일이든, 장사든 가리지 않았다. 못할 일도 없었다. 강빈은 조선인 노예들을 위해 나약한 왕실 여인의 몸과 마음을 버리고 더욱 단단해지기로 마음먹었다.

의심은 또 다른
의심을 낳고

　소현세자는 심양관의 재물을 이용해 청나라 지배층과 친분을 쌓고, 인맥을 넓혀 나갔다.
　심양관의 막대한 돈은 조선을 압박하고 무시하던 청나라 지배층의 마음을 눈 녹이듯 녹일 수가 있었다. 어지간한 청나라의 지배층을 손아귀에 넣고 쥐락펴락 마음대로 주무를 수 있게 된 소현세자는 한발 더 나아가 청나라 황실이 조선에 무리한 요구를 하지 못하도록 당차게 맞서기도 했다.
　인질로 붙잡혀 있는 신세지만 청나라에 기대지 않고

스스로 힘으로 살아간다는 것이 당당함을 가져다주었다. 게다가 조선인 노예들을 본국으로 돌려보낼 때의 뿌듯함이란, 세상 무엇과도 바꿀 수 없는 큰 기쁨이었다. 소현세자는 점차 조선국 세자로서의 체모와 자신감을 회복해 갔다.

"조선의 군사가 왜 정해진 날짜에 맞춰 오지 않는 것이오? 단단히 화가 나신 폐하께서 마부대 장군에게 청나라로 오고 있는 조선 군사를 돌려보내라고 명령하셨소."

초저녁에 용골대가 심양관으로 찾아왔다.

"예전에 조선이 명나라를 도와 앞장서서 우리 청나라 군사들을 죽인 것을 용서하고, 병자년에 망하는 나라를 구해 준 황제 폐하의 은혜를 벌써 잊은 것이오? 온갖 핑계를 대며 날짜를 어기니 이것이 무슨 경우요? 혹여 다른 속셈이 있는 것이 아니오?"

소현세자는 거품을 물고 길길이 날뛰는 용골대를 아무런 동요 없이 지켜보고 있었다. 강빈 역시 무덤덤하게 용골대를 지켜보았다. 예전 같으면 심장이 벌렁벌렁 뛰고 진땀이 났을 테지만, 지금의 소현세자는 심양에 끌려 올 때의 소현세자가 아니다. 용골대 같은 하찮은 장수 따위와는 비교도 안 될 만큼 막강한 정치력을 가진 친구들이 많이 있었다.

"예전에 명나라를 도왔을 때는 군대가 갖추어진 상태였으나 지금은 상황이 다르다. 병자년에 전쟁을 치러 군사를 다시 모으기가 쉬운 일이 아니다. 명나라보다 마음을 다하지 않은 것은 아니니 화를 달래기 바란다."

소현세자가 용골대를 조용히 타일렀다.

"어쩌면 압록강의 얼음이 녹아서 길이 막힌 것인지도 모를 일이오."

강빈도 소현세자의 말을 거들었다. 소현세자와 강빈은 더는 용골대에게 호락호락하지 않았다.

"좋소, 황제 폐하께 잘 말씀드리겠소."

용골대가 슬그머니 꼬리를 내렸다.

소현세자와 강빈은 용골대가 보는 앞에서 고운 비단옷으로 차려입고 청나라 왕족이 베푸는 연회에 참석하기 위해 유유히 나섰다.

"이렇게 와주셔서 감사합니다."

궐 안으로 들어서자 왕족이 반갑게 맞았다. 청나라 왕족의 옆에 소현세자와 강빈이 자리를 잡고 앉자 연회장 가득 음악이 울려 퍼졌다. 춤을 추는 무희와 노래를 부르며 연기를 하는 배우가 번갈아 나오면서 공연이 이어졌다. 그때 강빈의 눈에 눈물을 훔치며 춤을 추는 여인이 들어왔다. 조선인 무희인 듯했다. 강빈은 그 여인과 눈이 마주칠 때마다 바늘로 심장을 콕콕 찌르는 것 같은 통증이 느껴졌다. 여인의 고통이 고스란히 전해지는 것만 같았다.

"저들은 스스로 춤과 노래를 익혀 공연하는 것입니까? 아니면 청나라에서 가르친 것입니까?"

소현세자도 눈물을 훔치는 무희를 보았는지 왕족에게 넌지시 물었다.

"그것을 알아서 무엇하겠습니까? 우리는 그냥 먹고, 마시고, 즐기면 그만이지요. 하하하."

청나라 왕족이 대수롭지 않다는 듯 웃었다. 그들에게는 무희의 눈물이 보이지 않는 모양이었다. 소현세자의 얼굴이 어두워졌다. 강빈은 소현세자의 손을 살며시 잡았다가 놓았다. 적들에게 속마음을 들키지 말라는 뜻이었다. 강빈의 뜻을 헤아렸는지 소현세자가 얼굴에 낀 먹구름을 걷어냈다.

"내일은 저와 함께 활쏘기를 하면 어떻겠습니까?"

청나라 왕족이 소현세자에게 물었다. 소현세자는 선뜻 대답하기를 망설였다. 글과 시를 주고받는 것에는 자신

이 있었지만, 말과 활쏘기로는 그들을 이길 재간이 없었다. 하지만 청나라 왕족을 알맞게 부리려면 적당히 그들의 요구에 맞춰 줘야 했다.

"좋습니다. 허허허."

언제 망설였느냐는 듯이 소현세자가 호탕하게 승낙을 했다. 그러고는 이날 연회에 참석한 청나라 왕족들에게 말린 문어와 대구, 꿩고기를 선물했다.

"내가 말린 생선을 좋아하지 않는데, 세자가 인정으로 주니 받지 않을 수 없소이다."

청나라 왕족이 크게 기뻐하면서 선물을 받았다. 이렇게 청나라에서는 돈이 양반이고, 권력이었다.

하지만 조선의 임금은 그런 소현세자와 강빈의 행동을 아주 못마땅하게 여겼다. 백성들 사이에서 임금에 대한 원망의 목소리가 점점 높아지는 상황에서 하루가 멀다 않고 들려 오는 소현세자 부부의 칭찬은 임금의 심기를 몹시 불편하게 했다. 게다가 청나라에 끌려간 조선인 노예들을 조선으로 돌려보낸 일로 인기가 높아지는 것도 못마땅했다. 왕실도 하지 못한 일이었다. 이러다가는 백성들이 자신보다 소현세자 부부를 더 높이 떠받드는 것은 아닌지 노심초사했다. 그 마음은 시간이 흐를수록 의심과 노여움으로 바뀌었다. 이런 임금의 마음을 눈치 챈 약삭빠른 신하들이 소현세자와 강빈을 헐뜯기 시작했다.

"왕실 여인이 오랑캐를 상대로 돈벌이를 하는 것은 왕실 법도에 어긋나는 일입니다."

모든 비난의 화살이 강빈에게 쏟아졌다. 심양에서의 강빈의 말과 행동 하나하나가 청나라를 오가는 수많은 신하의 입을 통해서 수백 가지, 수만 가지의 터무니없는 말이 되어 임금의 귀로 흘러들어 갔다. 덕분에 임금은 심양에서 일어나는 일들을 손바닥 보듯이 훤히 들여다보고 있었다.

"심양관이 시장바닥처럼 장사치들로 발 디딜 틈이 없다고 합니다."

"소현세자가 청나라에서 조선의 임금 행세를 한다고 합니다."

신하들이 전하는 말들은 임금의 불안한 마음에 기름을 부은 격이었다. 가뜩이나 청나라 황제가 자신보다 소현세자를 더 좋아하는 눈치여서 불안하던 마음에 커다란 불꽃이 일었다.

'돈이 많은 세자빈이 청나라와 짜고 소현세자를 왕으로 세우려는 것이 아닌가.'

임금은 소현세자가 청나라와 손잡고 자신을 폐위시키고 왕위에 오를 수도 있다는 생각이 들었다.

한 번 마음속에서 의심이 일어나기 시작하자 끝이 없었다. 작은 일에도 자꾸만 의심하는 병이 생겼다. 의심은 의심을 낳고, 의심은 또 다른 의심을 낳고……. 임금의 의심은 결국 강빈에 대한 미움으로 똘똘 뭉쳐지고 있었다.

임금의 마음이 변해가는 줄도 모르고 강빈은 조선인 노예들을 사서 본국으로 돌려보내는 일과 나약한 조선을 강하게 만들 생각으로 하루하루 바쁜 시간을 보내고 있었다.

아무리 오랑캐의 나라라고 해도 청나라에게 배울 점은 배워서 조선을 강하게 만들어야겠다고 뜻을 모은 강빈과 소현세자는 한 이불 속에서 강해진 조선을 꿈꾸고, 새로워진 조선을 꿈꿨다. 그렇게 심양 생활이 8년째에 접어들고 있었다.

"세자빈마마! 세자빈마마!"

다급한 목소리로 계향이가 강빈을 찾았다.

"세자빈마마! 놀라지 마세요."

"무슨 일인데 그러느냐?"

계향이의 눈에서 금방이라도 눈물이 왈칵 쏟아질 것만 같았다.

"그게……, 그것이……."

"괜찮으니 어서 말해 보아라. 어차피 내가 알아야 할 일이라면 머뭇거리지 말고 분명하게 전하거라."

수백 명이 넘는 심양관 식솔들의 생계를 책임지고, 내놓으라 하는 청나라 왕족들과 상대를 하다 보니 강빈은 몸과 마음이 단단해졌을 뿐 아니라 생각도 커져 어지간한 일에는 놀라는 법이 없었다.

"대감마님께서, 대감마님께서…… 병환으로 돌아가셨다고 합니다. 흐어엉!"

차마 말을 잇지 못하고 울먹이던 계향이가 결국 울음을 터트렸다.

"지금 당장 한걸음에 달려간다고 해도 아버지의 마지막 가시는 길을 볼 수조차 없으니 이 일을 어찌하면 좋단 말이냐. 지금 이 순간이 꿈이라면 좋겠구나……."

강빈은 꿈결인 듯 낮게 중얼거렸다.

"세자빈, 어서 가서 아버지 무덤에 곡이라도 하고 오시오."

소현세자가 청나라 황제에게 부탁해 아버지의 임종을

지키지 못한 강빈이 임시로 조선을 다녀와도 좋다는 허락을 받아왔다. 그동안 청나라 황제와 꾸준히 친분을 쌓은 터라 어렵지 않게 허락을 받아낼 수 있었다. 강빈은 아버지의 상을 치르기 위해 무거운 마음을 안고 서둘러 먼 길을 달려갔다.

 오랜만에 밟아 보는 조선 땅은 크게 변한 것이 없었다. 병자호란 때 무너진 성벽과 집들이 그대로 방치되어 있어 안타까움을 자아낼 뿐 산과 들, 강, 나무 한 그루, 바람 한 줌까지도 그대로였다. 꿈에도 그리던 조선의 모습이었다. 아버지의 상만 아니라면 즐거운 마음으로 바라보았을 흐뭇한 풍경이었다.
 궁궐에 도착하자마자 시아버지 이 종 임금에게 인사를 올렸다. 그리고 친정집에 다녀와도 좋다는 허락을 기다렸다. 하루, 이틀……. 목이 빠지도록 임금의 허락을 기다렸다.
 "병자호란으로 상처받은 백성들의 마음이 아직 안정되지 않았는데, 세자빈이 아버지의 무덤을 찾아 곡을 하는 것은 왕실의 법도에 어긋나는 일이다. 허락할 수 없다!"
 적국인 청나라 황제도 부모의 상에 자식된 도리를 지

키라는 뜻에서 임시 귀국을 허락해 주었건만, 정작 시아버지의 꽉 막힌 마음은 뚫을 길이 없었다.

"전하, 8년 동안 서로 헤어져 있다가 천 리 길을 달려와 아버지의 무덤을 찾아보지 않고 어찌 그냥 돌아갈 수 있겠습니까. 부모와 자식의 정을 어찌 가로막을 수 있겠습니까. 세자빈마마가 아버지의 무덤에 곡이라도 하고 돌아가게 해주십시오."

임금의 가혹한 행동을 보다 못한 신하들이 여러 번 청을 올렸지만, 이미 돌아선 임금의 마음을 돌이킬 수는 없었다. 아버지의 무덤에서 곡을 하는 것은 물론이고, 홀로 계시는 친정어머니를 만나는 것마저도 가로막았다. 청나라로 돌아가야 할 날짜는 점점 다가오는데, 임금은 귀를 닫고 그 누구의 말도 들으려고 하지 않았다.

강빈은 결국 아버지의 무덤에서 울지도 못하고 청나라로 발길을 돌려야만 했다. 눈을 감는 순간까지도 딸을 걱정하고 그리워했을 아버지의 마음과, 아버지를 떠나보내고 혼자 남았을 어머니의 적적한 마음을 헤아리니 가슴 속에서 뜨거운 눈물이 끝없이 솟아 나왔다.

흔들리는 가마 안에서 강빈은 옛날, 아버지가 도승지 어른에게 쓴 편지글을 떠올렸다.

도승지는 보시게나

요즘 잘 지내시는가.

나는 하루가 멀다 않고 찾아오는 근심과 걱정에 잠 못 이루는 날들을 보내고 있다네.

다름이 아니라 딸아이가 삼간택에 올랐다네. 워낙에 가난한 형편인지라 유모와 수모*는 물론이고, 옷이며 가마까지도 제대로 갖추어 보내지 못하였건만 삼간택에 올랐다는 소식을 접하니 대견하면서도 딸아이에게 못 해준 것이 많아 마음에 걸리는 것이 한둘이 아니네.

딸아이가 내 품을 떠날 날이 점점 다가오는데 마지막으로 좋아하는 과일이라도 챙겨 먹이고 싶어 이렇게 민망한 편지를 보내게 되었네. 혹여 아껴둔 과일이 있거든 좀 보내 주시게나.

자네를 절친한 벗이라 여겨 부끄러움을 무릅쓰고 이처럼 억지를 부려보네.

수모 머리를 만져 주는 미용사

아버지가 도승지 어른에게 보내는 편지는 과일을 부탁하는 내용이었다. 임금 앞에서도 뜻을 굽히지 않던 강직한 아버지였기에 도승지 어른에게 쓴 편지는 강빈의 가슴을 아리게 했다.

전쟁으로 나라가 뒤숭숭한 때라서 과일뿐만 아니라 모든 물건의 값이 하늘로 치솟았을 때였다. 그러니 가난한 집안 사정으로는 과일을 구하기 힘들었을 터였다. 궁궐에 들여보내야 할 딸에게 좋아하는 과일을 먹이기 위해서 얼마나 많은 궁리를 하셨을지 생각하니 코끝이 매워졌다.

"아비는 그동안 너를 위해 큰 소리로 글을 읽었고, 너에게 들으라고 했느니라. 아비가 읽어 주던 글귀들을 기억하느냐?"

입궐하던 날 아침, 아버지의 물음에 강빈은 고개를 끄덕였다. 지나간 모든 순간을 강빈의 몸과 마음은 기억하고 있었다.

"그럼 되었다. 세자빈의 자리에 오르더라도 그만하면 족히 부족함이 없을 것이다."

아버지가 흡족해하며 웃었다.

"계향아, 이제 믿고 의지할 사람이 너밖에 없구나. 세자빈마마를 잘 부탁한다. 마마의 곁에서 한 시도 떨어지지 말아야 한다."

아버지가 계향이의 손을 잡고 당부를 하였다.

"대감마님, 걱정하지 마세요. 세자빈마마 곁에서 한 발짝도 안 떨어질 거구먼요."

계향이가 자신 있게 다짐을 했다.

강빈은 자신에게서 눈을 떼지 못하는 아버지를 뒤로 하고 계향이와 함께 궁궐로 향했다.

아버지와 헤어지던 날이 바로 어제의 일만 같아서 눈물이 앞을 가렸다.

차갑게
식어버린 마음

 청나라에서 조선을 오가는 데 꼬박 다섯 달이 걸렸다. 궁궐에서 잠시 머문 시간까지 더하면 그럭저럭 반년에 가까운 시간을 허비한 셈이었다. 그 사이 청나라는 많이 변해 있었다.
 "북경으로 옮겨갈 것이니 심양관에 있는 짐들을 모두 꾸리시오."
 결국 청나라가 명나라를 멸망시켰다. 청나라 황실을 따라 심양관 식솔들도 명나라의 수도였던 북경으로 옮겨 가야 했다.

"세자빈마마, 심양에 있는 땅들이 아까워서 어떻게 해요. 등에 짊어지고 갈 수도 없고, 끌고 갈 수도 없고……."

농사짓던 땅을 보며 계향이가 발을 동동 굴렀다.

"조선인 농부들이 있는데 무엇이 아깝단 말이냐. 우리만 없을 뿐, 이곳 농사는 변함없이 조선인들이 짓게 될 게다."

그제야 안심이 되는지 계향이가 부랴부랴 짐을 꾸리기 시작했다.

"조선 왕실의 여인 중에서 궁궐을 떠나 남의 나라 땅을 밟아본 여인은 세자빈마마가 유일할 거예요. 그렇지요? 제 말이 맞지요?"

계향이의 말에 짐을 꾸리던 강빈의 손길이 멈추어 섰다. 돌아보면 조선 왕실의 여인이 걷기에는 험난한 길이었다. 위기 때마다 강빈은 기회로 바꾸며 살아왔다. 그럼에도 불구하고 강빈은 새롭게 시작될 북경 생활에 대한 두려움을 완전하게 떨쳐버리기는 어려웠다.

북경의 모습을 처음 본 소현세자와 강빈의 입이 딱 벌어졌다.

"마치 다른 세상에 있는 듯하오."

거리상으로는 그다지 멀지 않은 데도 심양과는 전혀 달랐다. 길거리에 있는 건물이며, 저잣거리에서 파는 물건들까지도 화려하고 아름답기가 그지없었다.

강빈은 북경 거리의 한복판에 서서 조선이 부모의 나라로 섬기던 명나라의 최후를 똑똑히 보았다. 명나라의 멸망 소식을 전해 들은 조선의 임금과 신하들은 부모를 잃은 듯한 슬픔에 빠졌다고 했다. 하지만 강빈의 눈에서는 한 방울의 눈물도 나오지 않았다. 명나라를 멸망시킨 청나라의 힘을 우리 조선이 본받아야 한다는 생각으로 머릿속이 가득 찼다. 이제 세상의 중심은 명나라가 아닌 청나라였다. 명나라처럼 역사 속으로 사라지지 않도록 강한 조선을 만들어야 한다는 생각뿐이었다.

"세자빈, 오늘은 내가 아담 샬이라는 서양인 신부를 만났는데, 신기한 물건들을 많이 가지고 있었소. 먼 곳에 떨어져 있는 물체를 가깝게 보이게 하는 물건도 있고, 보름달처럼 동그랗게 생긴 공에 세계 여러 나라 땅이 그려져 있는 것도 있고, 조선이 가지고 있는 것보다 훨씬 위력이 강한 화포도 있었소. 게다가 서양에서 가지고 온 책들도 넘쳐날 지경이었소."

소현세자는 틈만 나면 역관을 데리고 서양인 신부를

만나 이것저것 궁금한 것들을 물었다. 서양인 신부는 소현세자에게 천주교를 소개하고, 서양 과학에 관련한 책과 물건들을 선물했다.

"살아서 조선으로 돌아가게 된다면 신부님이 주신 물건들을 궁궐로 가지고 갈 것입니다. 이렇게 신기한 물건들을 보면 신하들은 물론이고, 전하께서도 기쁨을 감추지 못할 것입니다."

선물 받은 물건들을 품에 안으며 소현세자는 꿈에 부풀었다.

"조선의 선비들에게도 선물로 나누어 줄 것입니다. 분명 이것을 본 조선의 선비들은 크게 반길 것입니다."

소현세자의 목소리가 기쁨에 들떠 있었다.

명나라가 멸망하자 더는 조선의 인질들을 붙잡아둘 필요가 없어진 청나라는 소현세자와 강빈에게 완전히 조선으로 돌아가도 좋다는 황제의 명을 전했다. 오랜 인질 생활을 끝낸 심양관 일행은 들뜬 마음으로 짐을 꾸려 조선으로 향했다.

"세자 저하 만세! 세자빈마마 만세! 만세! 만만세!"

가는 곳마다 흰옷을 입은 백성들이 소현세자가 지나갈

수 있게 길을 열어 주었다. 소현세자와 강빈을 따르는 백성들의 모습이 흰 물결이 되어 긴 강을 이루었다. 세상에 있는 그 어떤 물줄기보다도 길고 아름다운 물결이었다. 뛰어난 경치를 자랑한다는 백두산 일만이천 봉우리보다도, 아름답기로 이름난 대동강 물줄기보다도 더 높고 긴 물결이었다. 그들을 바라보는 소현세자의 눈가가 촉촉하게 젖어갔다.

"마마, 좋으시지요?"

계향이가 들뜬 목소리로 물었다.

"심양에서 고생한 보람이 있구나."

강빈은 소현세자와 더불어 백성들을 지켜낸 것이 자랑스럽고 뿌듯했다. 날아갈 듯 마음이 가벼웠다.

"멈추시오! 어명이오!"

"무슨 일이냐?"

궁궐로 향하는 길을 가로막은 신하에게 소현세자가 물었다.

"소현세자 일행은 홍제원*에서 입궐 명령을 기다리라는 어명입니다!"

홍제원 조선 시대 나라에서 운영하던 여관으로, 공무 여행자들에게 편의를 제공하기 위해 설치. 현재 위치: 서울시 서대문구 홍제동 138

강빈은 머릿속이 하얗게 비워지는 것 같았다. 소현세자의 얼굴빛도 하얗게 변했다.

"전하를 뵐 생각에 한시가 급한 마음이거늘, 어찌 홍제원에서 시간을 낭비하라는 말이냐?"

소현세자가 따져 물었다.

"그, 그게 어명이라서……."

아무리 생각해도 이해가 안 가는 상황이었다. 임금을 만나기 위해 한걸음에 달려가고 싶은 바쁜 걸음을 왜 멈추어 세우는 것인지 알 길이 없었다. 적국에 인질로 붙잡혀 있으면서 다시는 만나지 못할까 노심초사하며 간신히 돌아왔는데, 궁궐을 코앞에 두고도 갈 수 없는 마음을 표현할 길이 없었다.

하는 수 없이 강빈과 소현세자는 홍제원에 머물렀다. 임금이 불러 주기만을 기다리며 아침저녁으로 궁궐을 향해 절을 올렸다. 하루라도 빨리 임금을 뵙고 싶은 마음이 간절했지만, 궁궐에서는 아무런 기별이 없었다. 강빈과 소현세자는 하루하루 기다림에 지쳐가고 있었다.

"계향아, 어째서 저 여인들은 연신내에서 몸을 씻는 것이냐?"

강빈의 눈에 홍제원 근처의 냇가에서 몸을 씻는 여인

들의 모습이 보였다. 여인들 무리 속에는 아낙도 있고, 댕기를 들인 처녀도 있고, 어린 여자아이도 섞여 있었다.

"청나라에 노예로 붙잡혔다가 속환되어 돌아온 여인들인데, 연신내에서 몸을 씻으면 더럽혀진 몸이 깨끗해진다고 하여 몸을 씻는 것이랍니다."

계향이의 말이 믿어지지가 않았다.

"연신내에서 몸을 씻으면 시댁에서 받아 준다더냐?"

"세자빈마마. 흑."

결국 계향이가 울음을 터뜨렸다.

"저 여인들이 무슨 죄란 말이냐……."

강빈도 눈물이 앞을 가려 차마 말을 잇지 못했다.

드디어 기다리고 기다리던 순간이 왔다. 입궐하라는 어명이 떨어졌다.

그런데 정작 가장 반갑게 맞아 줄 것으로 믿었던 임금의 반응은 싸늘하기만 했다. 연회도 열지 않고, 청나라에서 가져온 서양 책과 물건들, 엄청난 양의 금은보화들도 몹시 못마땅하게 여겼다.

"세자가 돌아올 때 청나라 물건들을 많이 싣고 와서 매우 실망스럽구나."

"전하, 청나라나 서양 오랑캐에게서도 배울 점은 배워야 합니다."

소현세자가 청나라 물건과 서양인 신부에게 받은 물건들을 보여 주며 임금을 설득했다.

"청나라는 적국이거늘 어찌 청나라에게 배우라고 하느냐. 삼전도의 치욕을 벌써 잊었단 말이냐. 그러고도 네가 어찌 이 나라의 세자라고 할 수 있느냐!"

몹시 화가 난 임금이 청나라 황제가 선물로 보낸 벼루를 소현세자를 향해 집어 던졌다.

"동궁을 수색하여 세자가 청나라에서 가져온 물건들을 모두 불태워라!"

소현세자의 행동은 임금뿐만 아니라 여전히 명나라를 부모의 나라로 섬기고 있는 신하들의 미움을 사기에 충분했다.

임금이 소현세자에게 벼루를 던졌다는 사실이 알려지자 궁궐 안에는 임금과 소현세자 사이의 안 좋은 이야기가 퍼졌다. 그렇다 보니 소현세자와 강빈은 신하들에게 외면당하기 시작했다. 슬금슬금 임금의 눈치를 보며 아무도 찾아오는 이가 없었다.

"살아만 있다면 반드시 다시 만날 날이 있을 것이니라. 그러니 몸 상하지 않도록 해라."

강빈의 마음속에서는 아직도 청나라로 떠나기 전에 했던 임금의 목소리가 들리는 것 같았다. 그런데 현실은 너무나 싸늘했다. 심양으로 떠나기 전 소현세자와 강빈을 걱정하던 임금이 아니었다.

한 사람이 한 마디의 말을 하면, 백 사람이 백 마디의 말을 보태어 임금의 귀로 흘러들어 갔다. 수백 명의 사람의 입에서 나온 말들은 수천 개의 화살이 되어 소현세자와 강빈을 겨누었다. 활시위는 점점 더 팽팽해져 갔다. 귓가를 떠도는 수없이 많은 말 때문에 임금의 의심병은 날로 심각해져 갔다.

"어찌 왕실의 여인이 오랑캐를 상대로 장사를 하고, 바깥일에 관여할 수 있단 말입니까!"

약삭빠른 영의정이 앞장서서 강빈을 헐뜯기 시작했다.

"세자빈이 청나라에서 가져온 황금과 비단을 뿌린다면 무슨 일인들 못 하겠습니까. 혹여 청나라의 힘을 빌려 전하의 자리를 빼앗지 않을까 걱정됩니다."

영의정은 계속해서 강빈의 목에 칼날을 겨누었다.

영의정은 강빈의 아버지와 오래된 앙숙관계였다. 옳고 그름을 분명하게 따지는 아버지는 영의정과 말다툼이 잦았다. 그때의 앙심이 아직 가시지 않은 모양이었다.

강빈은 아버지 생각이 간절했다. 아버지가 살아계셨다면 영의정 뿐만 아니라 그 어떤 누구도 강빈을 헤치지 못하도록 방패가 되고, 바람막이가 되고, 울타리가 되어 주었을 것이다.

강빈이 소현세자와 가례를 올리자 아버지는 하는 수 없이 벼슬자리에 나왔다. 몇 번이고 도승지 어른이 벼슬자리에 나오라며 졸라대도 눈썹 하나 끔쩍하지 않던 아버지였다.

"아비는 이제 마마를 지키기 위해서 힘과 세력을 키울 것입니다."

가례를 올리던 날, 아버지가 했던 말이었다. 아버지는 세자빈이 된 강빈을 지키고 집안을 지키기 위해서 힘과 세력을 키울 것이라고 했다. 그만큼 힘과 세력이 없는 세자빈은 언제 쫓겨날지 모르는 위태로운 자리였다. 강빈은 아버지의 말이 서운하면서도 다른 한편으로는 미안했다. 아버지가 자신을 '애기'라고 불러 주지 않아 서운했고, 자신 때문에 그토록 싫어하던 벼슬길에 오르게 된 것이 미안했다.

　아버지는 여러 관직을 거쳐 우의정 자리까지 올랐다. 세자빈의 자리가 워낙에 조심스러워 궁궐 안에 있으면서도 아버지를 만나기가 어려웠지만, 아버지의 힘과 세력이 커지는 것은 느낄 수가 있었다.

　아버지의 이름과 권세는 강빈에게 단단한 울타리가 되어 주었다. 사람의 마음까지도 쥐락펴락할 수 있었다. 하늘을 나는 새는 물론이고, 밤하늘에 떠 있는 별도 달도 따줄 수 있을 것만 같았다. 하지만 영의정 영감은 우의정 자리에 있는 아버지를 몹시 못마땅하게 여겼었다.

　아버지의 죽음으로 울타리를 잃은 강빈은 이제 사나운 맹수들에게 던져진 먹잇감이나 마찬가지였다. 아무도 찾아와 주는 이가 없는 궁궐은 외롭고 쓸쓸하기 그지없었다. 하지만 누구에게도 함부로 마음을 보여 주거나 섣불리 말을 걸어서도 안 되었다.

적국 심양에서도 역경을 기회로 바꾸며 꿋꿋이 살아서 조선으로 돌아왔건만, 여인의 몸으로 심양관 식솔들을 책임지고 청나라로 끌려 온 조선인 노예들을 수도 없이 구했건만, 왕실 여인으로서 감당하기 힘든 일들을 수도 없이 겪으면서도 살아서 돌아왔건만, 정작 조선 땅에서는 살아날 길이 없어 보였다. 오히려 적국 청나라에 있을 때보다도 더 사방이 적으로 둘러싸여 있는 것 같았다. 서양인 신부에게서 받은 선물을 보며 소현세자와 함께 새로운 조선을 만들고자 했던 소중한 꿈들이 산산이 조각나고 있었다.

소중한 꿈들이
산산 조각나고

　조선으로 돌아온 지 두 달여, 소현세자가 시름시름 앓기 시작했다. 의관 이형익이 세 차례 침을 놓았지만, 도통 좋아질 기미가 보이지 않았다. 열이 오르락내리락 종잡을 수가 없었다.
　"머리가 깨지게 아프오."
　소현세자는 밥도 잘 먹지 못하고 끙끙 앓았다.
　"꺄웃! 꺄웃! 꺄웃!"
　이른 아침부터 피를 토하듯이 구슬프게 우는 두견새 소리에 강빈은 잠이 깨었다.

"혹여 아침에 두견새의 울음소리를 듣게 되면 사랑하는 사람과 헤어지는 것을 의미한다고 하오."

심양으로 끌려가던 길에 소현세자가 했던 말이 떠올랐다. 불길한 예감이 머리를 스치고 지나갔다. 강빈은 잠자리를 털고 일어나 소현세자가 있는 동궁으로 서둘러 발길을 재촉했다.

"세자빈마마……."

앞에 가던 계향이가 걸음을 멈추고 손가락으로 동궁전 지붕을 가리켰다. 강빈의 눈이 계향이의 손가락을 따랐다. 동궁전 지붕 위에서 소현세자의 하얀 속적삼이 휘날리고 있었다.

"저하께서…… 저하께서……."

두 눈으로 보고 있으면서도 믿어지지가 않았다. 계향이가 말없이 눈물을 흘렸다.

"이 종 임금의 큰아들 소현 복! 복! 복!"

하늘과 땅과 사방 공간에서 혼이 온다고 믿어 세 번 부르는 것이었다. 세 번 불러서 살아나지 않으면 정말 죽은 것이었다.

"꺄옷! 꺄옷! 꺄옷!"

화답이라도 하듯 두견새가 서럽게 울었다.

"이렇게 허망하게 떠나시면 저와 어린 자식들은 어찌 합니까!"

강빈은 동궁전 뜰에 쓰러졌다. 소현세자가 병석에 앓아누운 지 사흘째 되는 날이었다.

소현세자의 나이 이제 서른넷. 거짓말 같은 갑작스러운 죽음이 도무지 믿어지지가 않았다.

"담당 의관 이형익에게 죄를 물어야 합니다."

행여 소현세자의 죽음으로 자신들에게 불똥이 튈까 봐 신하들이 입을 모아 미리 선수를 쳤다. 이는 옛날부터 내려오는 관습이기도 했다. 왕실 가족이 죽으면 특별한 잘못이 없어도 담당 의관은 대부분 살아남지 못했다.

"죽음에는 예고도 없고, 나이 순서도 없다. 그저 목숨이 다한 것일 뿐이다. 그러니 의관 이형익에게 죄를 물을 수는 없다!"

어쩐 일인지 임금은 의관 이형익에게 죄를 묻지도, 따지지도 않았다.

"온몸이 검은 빛이고, 얼굴의 일곱 구멍에서 모두 피가 흘러나왔습니다. 마치 약에 중독되어 죽은 사람 같았습니다."

소현세자의 시신을 본 종친도 독살된 것 같다고 했을

만큼 소현세자의 죽음은 의문투성이었지만, 아무도 강빈을 돕는 이가 없었다. 그렇다 해도 이렇게 무기력하게 소현세자를 떠나보낼 수는 없었다.

"전하, 저하의 억울한 죽음을 밝혀 주시옵소서!"

강빈은 머리를 풀어헤치고 억울함을 호소하며 소현세자가 토한 이불과 약그릇을 증거물로 내놓았다. 그런데도 임금은 그런 강빈을 거들떠보지도 않았다.

'이형익의 실수였을까? 정말 이형익 때문에 저하께서, 저하께서……?'

게다가 임금은 죽은 소현세자를 더욱 차갑고 가혹하게 대했다.

"세자의 장례를 빠르고 간소하게 치르라."

당연히 세자의 예를 갖추어서 왕실의 법도에 맞게 장례를 치러야 함에도 불구하고, 여느 사대부 집안의 장례보다도 더 간소하게 치렀다. 사사건건 왕실의 법도를 따지던 임금이었기에 더욱 이해하기가 어려웠다. 하지만 강빈에게는 임금과 맞설 작은 힘도 없었다.

"세자의 자리를 비워둘 수 없다. 봉림대군을 세자로 책봉하겠다."

소현세자의 장례를 치르자마자 임금은 기다렸다는 듯

이 청나라에 머물고 있던 소현세자의 동생 봉림대군을 불러들였다.

원래 세자가 죽으면 세자의 아들인 원손이 왕통을 잇는 것이 조선 왕실의 법도였다. 그런데 임금은 원손 경선군이 버젓이 있음에도 불구하고 봉림대군을 세자로 정했다.

"전하, 왕실의 법도대로 원손인 경선군을 세손으로 정하소서. 원손은 백성들의 희망입니다."

보다 못한 몇몇 신하들이 상소를 올렸다.

"내 나이가 많아 오래된 병이 점점 심해지는데, 원손은 나이가 너무 어리지 않느냐. 지금 나라 안팎의 상황이 어지러워 하루가 시급한데, 경선군이 성장하기를 두 손 놓고 기다릴 수 없다."

임금의 말에 신하들은 금방 꼬리를 내렸다.

"전하의 뜻이 이미 정해졌다면 어찌 대신들이 감히 옳고 그름을 따질 수가 있겠습니까."

영의정이 입가에 웃음을 머금고 대답했다. 정말이지 말도 안 되는 일들이 계속해서 일어나고 있었다.

"봉림대군의 세자책봉을 거두어 주시옵소서!"

강빈은 머리를 풀어헤치고 다시 한 번 억울함을 호소하였다.

봉림대군이 왕위를 잇게 된다면 강빈은 물론이고, 어린 세 아들의 운명은 바람 앞의 촛불과 마찬가지였다. 예로부터 임금들은 자신의 왕위를 지키기 위해 조금이라도 위협이 되는 인물이 있다면 어떻게든 그들을 제거했다. 그게 비록 어린 조카일지라도 어김없었다.

게다가 강빈의 배 속에는 소현세자가 남긴 소중한 생명이 자라고 있었다. 소현세자가 없는 상황에서 어린 세 아들과 배 속의 아기까지 지켜내야만 했다.

"지금부터 강 씨와 말을 하는 자는 죄를 물 것이다!"

더는 세자빈이 아니라 '강 씨'가 되어 후원 별당에 갇힌 강빈에게 임금은 아무도 만나지 못하게 하고, 그 누구와도 말을 섞지 못하게 하였다. 음식도 문에 구멍을 뚫어 받도록 했다. 그뿐만 아니라 강빈의 어린 세 아들마저도 제주도로 유배를 보내라는 명령이 떨어졌다. 소현세자의 억울한 죽음이 역사 속으로 묻혀버리게 된 미안함과 세 아들을 지켜내지 못한 것에 대한 무능함이 강빈의 가슴을 짓눌렀다. 도대체 어디서부터 어긋난 것일까. 아무리 생각해도 봄 처녀의 마음처럼 변덕스러운 임금의 마음을 헤아릴 길이 없었다.

"에구, 불쌍한 우리 세자빈마마. 아니, 애기씨를 어쩌면 좋아요."

계향이가 눈물을 찍어냈다. 계향이는 차마 '강 씨'라고 부르지 못하고 '애기씨'라고 불렀다.

죽고 싶을 만큼 치욕스러운 삶이었지만, 강빈은 살아야만 했다. 어린 세 아들과 배 속의 아기를 지키기 위해 어떻게든 살아남아야만 했다.

"강 씨의 궁녀들을 모두 잡아들여라!"

어느 날, 의금부 관원들이 별당을 덮쳐 계향이를 비롯한 다섯 명의 궁녀들을 잡아갔다.

"전하의 수라에 독을 넣으라고 시킨 자가 누구냐?"

임금의 수라상에 올린 전복구이에서 독이 발견되었다. 하지만 그보다 더 놀라운 사실은 독을 넣으라고 지시한 사람으로 강빈이 지목되었다. 소현세자의 억울한 죽음과 세 아들을 유배 보낸 임금에게 원한을 품고 독살하려고 했다는 것이었다.

'어떻게 이런 일들이 버젓이 일어날 수 있는지……'

"이 모든 일이 강 씨가 시킨 일이 아니더냐. 바른대로 이실직고하렷다!"

계향이와 궁녀들은 참혹한 고문을 받았다. 불로 살을 지지고, 매를 치며 강빈이 독을 넣으라고 지시했다는 자

백을 받아내기 위해 닦달을 했다.

'오가는 사람 없이 별당에 갇혀 지내는 내가 어떻게 전하의 수라에 독을 탈 수 있단 말인가. 이런 억지가 세상에 또 어디에 있단 말인가.'

도무지 말이 안 되는 상황이지만 어찌해 볼 수조차 없는 상황이 더 참담했다.

"애기씨 곁에서 한 발 짝도 떨어지지 않겠다는 약속을 끝까지 지키지 못해서 미안해요."

결국 강빈은 계향이를 잃었다. 다른 궁녀들도 강빈을 끌어들이지 않고 죽어갔다. 강빈은 죄 없는 궁녀들에게 미안하고 미안했다.

"계향아, 다음 세상에는 꼭 양반집 딸로 태어나거라. 그때는 내가 너의 몸종이 되어서 이번 세상에서 너에게 받았던 것 다 갚을게. 내 말 꼭 잊지 말고 다음 세상에서 다시 만나자. 내 말 알아들었니?"

강빈이 계향이의 몸을 흔들었다.

"아니다, 계향아. 차라리 다시는 만나지 말자. 만약 꿈속에서라도 나를 보거든 절대로 아는 척하지 말아라. 나와는 옷깃도 스치지 말고 그냥 네 갈 길을 가야 한다. 좋은 남편 만나서 떡두꺼비 같은 아이들을 낳고 행복하게 살아야 한다. 꼭 그래야 한다. 응? 응?"

계향이의 몸이 흐느적거렸다.

"계향아, 내 말 알아들었으면 대답 좀 해! 대답을 하고 가란 말이다!"

강빈이 계향이의 몸을 거세게 흔들었다. 그러자 계향이가 온 힘을 다해 가까스로 눈을 떴다.

"에구, 불쌍한 우리 애기씨를 어쩌면 좋아요."

계향이는 흐려지는 의식을 붙잡으며 강빈에게서 눈을 떼지 않았다. 계향이의 마지막 눈동자에 강빈의 모습이 가득 담겼다. 강빈은 마지막으로 기억될 자신의 모습이 너무 하찮고 초라해서 속상했다. 불쌍한 모습으로 계향이의 마음을 무겁게 해서 떠나보내고 싶지 않았는데, 그것마저도 뜻대로 되지 않아 속상했다.

"계향아, 내 걱정 말고 가벼운 마음으로 떠나……."

계향이의 팔이 힘없이 툭 떨어졌다.

향긋한 봄날
꿈속에서

　끝이 아니었다. 임금은 강빈의 친정어머니와 오라버니들까지도 차례로 죄를 물어 죽게 했다. 연이어 불어 닥치는 슬픔 때문인지 배 속에 품고 있던 어린 생명마저도 강빈의 몸을 떠났다. 임금의 의심병은 계속해서 강빈의 사람들을 죽음으로 내몰았다.
　'다음은 누가 될까? 아마도 나겠지. 내가 죽어야지만…….'
　많은 사람의 죽음을 지켜보며 강빈은 자신에게도 죽음의 그림자가 서서히 다가오고 있다는 걸 예감했다.

"임금을 해치고자 하는 자는 하루도 숨을 쉬게 내버려 둘 수 없다. 하루속히 처리하라!"

드디어 임금이 명령을 내렸다. 강빈을 처형하라는 뜻이었다.

"합당한 증거도 없이 어찌 짐작만으로 죄를 단정 지을 수 있겠습니까. 강 씨를 폐위시킬 수는 있으나 죽일 수는 없습니다. 전하, 뜻을 거두어 주십시오."

공조판서 이시백과 뜻을 같이 하는 신하들이 강빈의 사형에 반대하는 상소를 올리자 임금은 그들 모두를 궁궐 밖으로 내쫓았다.

"강 씨를 죽이시려거든 저를 먼저 죽이신 후에 행하십시오!"

궁궐 밖으로 쫓겨난 도승지 어른도 거세게 반대했다.

"내 앞에서 강 씨를 두둔하는 자는 꼴도 보기 싫으니 모두 귀양에 처해라!"

결국 강빈은 검은 천을 씌운 가마를 타고 친정집으로 쫓겨 갔다. 친정집이라야 아무도 살지 않은 빈집이었지만, 그곳 말고 달리 갈 곳이 없었다.

'이럴 때 계향이라도 곁에 있었으면…….'

강빈은 고개를 세차게 흔들었다. 그러자 머릿속을 가

득 채웠던 계향이의 모습이 물거품처럼 흩어졌다.
"마마! 세자빈마마!"
천둥 같은 울음소리가 강빈의 귀를 울렸다. 검은 천으로 뒤덮인 가마를 담장처럼 두른 백성들이 강빈을 따르며 통곡했다.
"세자빈마마의 억울함을 풀어드리지 못해 죄송합니다. 흑흑흑……."
백성들은 강빈의 편이었다. 이제 더는 울 힘도 남아 있지 않은 강빈을 대신해서 백성들이 울어 주니 마음에 위로가 되었다.
가마가 한 걸음 앞으로 나아갈 때마다 시간을 붙잡고 싶었다. 숨을 멈추면 시간이 멈출까. 두 눈을 꼭 감고 있으면 시간이 멈출까.
'만약 시간을 되돌려 청나라 심양에서의 생활로 되돌아간다면 어떨까?'
강빈은 생각해 보았다. 시아버지 이 종 임금과 멀어지게 된 것이 심양에 있을 때부터라는 생각이 들었다.
농사를 짓지 않고, 장사하지 않고, 조선인 노예들을 돌려보내지 않고, 청나라 황실과 친분을 쌓지 않고, 서양의 책과 물건들을 가지고 오지 않았더라면 어떻게 되었을까. 예전처럼 좋았을까. 심양에서의 많은 일이 머릿속에서 스쳐 지나갔다.

'아니야, 또다시 심양의 생활로 되돌아간다고 해도 나는 똑같은 선택을 했을 거야.'

강빈이 고개를 세차게 저었다. 몇 번을 되짚어 생각해 보아도 심양에서의 생활은 후회가 없었다. 조선의 세자빈으로서 나라를 위하고 백성을 위하는 일이었기에 조금의 후회도 없었다.

강빈이 탄 가마가 친정집 앞에 도착하자 문득, 삼간택 날 가마를 타고 계향이와 함께 궁궐로 향하던 날이 눈앞에 떠올랐다.

노란 저고리에 다홍치마를 입은 애기가 노랑나비처럼 팔랑팔랑 대문을 나서고 있었다. 그런 애기의 모습을 아버지가 말없이 바라보고 있었다. 그때는 몰랐는데, 이제 보니 애기를 바라보는 아버지의 눈가가 촉촉하게 젖어 있었다.

노란 저고리에 다홍치마를 입은 애기가 검은 천으로 덮인 가마 곁을 스치고 지나갔다.

"애기야, 가지 마!"

꿈결인 듯 현실인 듯 강빈이 큰 소리로 애기를 불렀다.

어느덧 서른여섯 살이 된 강빈이 열일곱 살의 애기를 애타게 불렀다. 간절한 바람대로 시간이 되돌아간 것일까. 열일곱 살의 애기가 돌연 뒤를 돌아보았다.

"애기야, 제발 가지 마!"

강빈이 피를 토하듯이 소리쳤다. 그런데도 열일곱 살의 애기는 집 안을 한 바퀴 휘둘러보더니 홀연히 가마를 타고 떠났다. 강빈은 열일곱 살 애기가 탄 가마가 점처럼 작아져 보일 때까지 바라보았다.

"강 씨는 나와서 사약을 받으시오!"

강빈이 친정집 대문을 넘어서자마자 커다란 목소리가 집 안을 뒤흔들었다. 그 바람에 마당에 심겨 있던 오얏나무에서 연분홍 꽃잎들이 하늘하늘 떨어져 마당 군데군데 살포시 내려앉았다. 강빈은 오얏꽃이 수 놓인 꽃길을 걸어 사약을 받았다.

친정집으로 오는 길에 많은 것들을 내려놓았건만 이제 고작 열두 살밖에 안 된 원손 경선군이 눈에 밟히고, 원손 아래로 여덟 살 경완군과 네 살 경안군만큼은 마음속에서 내려놓을 수가 없었다. 세 아들의 모습이 눈에 밟히고 어른거려서 눈물이 앞을 가렸다.

'내가 죽으면 이 모든 슬픔이 사라질까.'

강빈의 물음에 대답이라도 하듯 오얏꽃 여린 꽃잎 하나가 사약이 든 사발 위로 떨어져 내렸다. 저승 가는 길인 줄도 모르고 오얏꽃 여린 꽃잎은 소풍을 나온 어린아이처럼 나풀거리면서 사약이 담긴 사발 위로 사뿐히 떨어져 내렸다.

'아직 봄이 한창인데……'

강빈은 사약 사발 위로 떨어져 내리는 꽃 이파리들을 붙잡았다.

"강 씨는 어서 어명을 받드시오!"

의금부 도사가 재촉했다.

강빈은 사약이 든 사발을 가져다가 입술에 댔다. 쓰디쓴 사약이 강빈의 입안으로 흘러들었다. 세자빈으로 사는 동안 자신과 평생을 함께했던 불행이 끝나기를 간절하게 빌면서 사약을 삼켰다.

사약이 몸속으로 스며들자 목줄이 타들어 가고 숨이 끊어질 것만 같았다. 심장이 산산조각으로 부서져 붉은 피가 솟구쳤다. 마지막 숨이 끊어질 때까지 강빈은 간절한 마음으로 빌었다.

'부디 나의 죽음과 함께 이 모든 슬픔이 끝나기를……'

강빈의 몸이 한 떨기 꽃잎처럼 땅바닥에 떨어졌다.

아무도 없는 빈집에서 강빈의 몸이 차갑게 식어갔다. 서늘한 밤공기에 오얏나무가 하르르 몸을 떨었다. 그러자 수많은 꽃잎이 강빈의 몸 위로 우수수 떨어져 내렸다. 꽃 이불을 덮은 강빈의 입가에 잔잔한 웃음이 번졌다.

향긋한 봄날 꿈속에서 강빈은 소현세자의 손을 꼭 잡고 강해진 나라, 새로워진 조선을 만나고 있었다.

강빈, 조선을 깨우다

초판 발행 2016년 5월 30일
초판 인쇄 2016년 5월 23일

글 조경희
그림 수아

펴낸이 정태선

기획·편집 안경란·정애영
디자인 한민혜
마케팅 김민경

펴낸곳 파란정원 | **출판등록** 제395-2010-000070호
주소 서울시 서대문구 모래내로 464 2층(홍제동)
전화 02-6925-1628 | **팩스** 02-723-1629
홈페이지 www.bluegarden.kr | **전자우편** eatingbooks@naver.com
종이 세종페이퍼 | **인쇄** 조일문화 | **제본** 경문제책사

글ⓒ조경희 2016
ISBN 979-11-5868-076-3 73810

이 책은 저작권법에 따라 보호받는 저작물이므로 무단 전재와 무단 복제를 금지하며,
이 책 내용의 전부 또는 일부를 이용하려면 반드시 저작권자와 파란정원의 동의를 얻어야 합니다.
*잘못된 책은 구입하신 서점에서 바꿔 드립니다.